奠定你和孩子一生的亲密关系

和孩子一起编故事

吴昌品★著

中国华侨出版社

图书在版编目（CIP）数据

和孩子一起编故事 / 吴昌品著．— 北京：中国华
侨出版社，2013.3
ISBN 978-7-5113-3410-7

Ⅰ．①和… Ⅱ．①吴… Ⅲ．①儿童教育－家庭教育
Ⅳ．① G78

中国版本图书馆 CIP 数据核字（2013）第 056136 号

和孩子一起编故事

著　　者：	吴昌品
出 版 人：	方　鸣
责任编辑：	叶　辞
经　　销：	新华书店
开　　本：	710mm×1000mm 1/16　　印张：14.5　　字数：170千字
印　　刷：	三河市文通印刷包装有限公司
版　　次：	2013年6月第1版　　2013年6月第1次印刷
书　　号：	ISBN 978-7-5113-3410-7
定　　价：	29.80元

中国华侨出版社 北京市朝阳区静安里26号通成达大厦3层 邮编：100028
法律顾问：陈鹰律师事务所
发 行 部：（010）82068999 传真：（010）82069000
网　　址：www.oveaschin.com
E - m a i l：oveaschin@sina.com

如发现印装质量问题，影响阅读，请与印刷厂联系调换。

编故事之前的故事

女儿5岁那年的春节，我带她回温州老家过年。正月初五，全家人在外面游玩时，女儿的奶奶给女儿买了一个大大的氢气球。女儿接过氢气球后，非常快乐地把玩着，一不小心，氢气球从她的手中飞走，在家人眼前徐徐飞远了。这时，女儿的情绪顿时"晴转阴"，泪水也直在眼眶里打转。面对这个场面，我急中生智，现场与她一起编了个故事。

我对女儿说："豆豆，爸爸知道氢气球飞走了，你心里非常难过。"女儿点了点头，然后我接着说："看着漂亮的气球在我们眼前慢慢升起，爸爸突然有个好主意，我们一起编个非常好玩的故事，名字就叫'气球空中漫游记'好不好？"女儿立刻有了兴趣。于是我问："气球可能会飘过哪里呢？"女儿展开丰富的想象，一口气说出："气球可能会飘过美丽的果园，看见了许多又大又红的苹果。可能会飘过大海，看到了大鲨鱼与海豚在水中快乐游玩。可能会飘过草原，看见了马群在吃草。"接着，我就顺着女儿的思路很自然地继续往下编："这时，气球又跟它们说什么了呢？"女儿又一一地表达出来。就这样，我与女儿一句接着一句地完成了

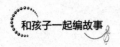

整个故事的编创。（详文见第二篇第二节《气球空中漫游记》）

　　这个让我至今仍然记忆犹新的创编故事，充分说明了编故事具有非常神奇的魔力。在关键时候或在某个特殊的情境下，与孩子共同编一个让孩子感兴趣的故事，可以有效地将他们的负面情绪转化为正面情绪，如女儿很快就破涕为笑了，伤心的情绪完全被快乐的情绪替代。

　　在我与女儿一起编故事的过程中，我们一起创造并体验着快乐，享受着当下浓浓的亲子情；与此同时，女儿的想象力还得到极大丰富，她的语言表达与沟通能力也得到了很大提升。当然，我把与女儿一起编故事的经历放在本书的开篇，只是想非常真诚地提醒每一位深爱子女的家长朋友，不仅不能低估编故事的重要性，还要把与孩子一起编故事当作陪伴孩子健康、快乐成长的最好礼物，并让这神奇的"礼物"一代代地传承与延续下去。

目录
contents⌒

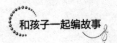

第 三 篇

第四篇

治疗性故事
——带孩子走出心灵误区 /179

第一篇

故事开启孩子的智慧之门

——为什么要给孩子编故事

现今，科技发展日新月异，孩子们更多是通过电影、电视、网络与光盘看故事。连续剧形式的动画片和漫画故事正在快速取代父母亲自给孩子讲故事、编故事，并形成势不可挡的"动漫潮流"。在当今的社会里，大量的电子产品良莠不齐地存在着，它们可能在身心健康方面对正处于各年龄阶段的孩子造成不同程度的损伤与污染。我曾经接过这样一个心理咨询个案：这位求助者从小就对某一系列的动漫书入迷，上了初中后，依然故我，有明显的成瘾趋势，最后终因贪迷过度严重影响了学习。

我想，既然有那么多孩子被一些经久不衰的动漫作品深深吸引，甚至达到痴迷的状态，很显然，它们一定是充分满足了孩子的阅读兴趣，满足了孩子内心的真正需求，因而有了存在的价值与理由。我想在这里要澄清一个事实，我不是绝对反对孩子接触这类作品，相反，我也常常推荐一些好的动漫作品给我的女儿。只是，这些动漫作品与漫画故事中还存在一些价值取向与儿童的和谐健康发展相悖的作品。因此，每一位家长朋友要有高度的敏感性与责任心，帮孩子精心选择那些不仅具有娱乐性，而且易于让儿童形成美感，有助于儿童精神成长与情感发育的精品。同时，借此机会我也呼吁家长朋友延续编讲故事这个传统。

想到家长与孩子一起编故事能达到甚至超越动漫作品的价值与意义，我心中自然而然地产生了一个美好的愿景，即希望更多的家长能够尝试和孩子一起编故事，这不仅会给孩子带来许多意想不到的收获与惊喜，也能给家长带来很多新奇的感受与乐趣。

　　看到上述文字后，家长朋友可能在脑海中会闪现这样的一个令他们好奇又迷惑不解的问题：为什么要和孩子一起编故事呢？或者说和孩子一起编故事对孩子的成长具有哪些重要意义呢？

　　世界最伟大的科学家爱因斯坦曾说："如果你想让孩子聪明，就给他讲故事；如果你想让他拥有智慧，就给他讲更多的故事。"而我想说："如果你想让孩子聪明，就给他编故事；如果你想让他拥有智慧，就给他编更多的故事。如果你想让孩子快乐，就教会孩子自己编故事；如果想让孩子幸福，就教会孩子自己编更多的故事。"

　　下面我就家长和孩子一起编故事对孩子的成长具有哪些重要意义展开详细的阐述。

编故事，让孩子的想象力飞

家长和孩子一起编故事，不仅能给孩子带来巨大的欢乐，也会给他们多方面的营养，帮助孩子明白事理，增长知识，尤其能对孩子的想象力进行有效地培养。孩子的世界是充满想象的世界，每个人的艺术天分，正是从孩提时代的想象力开始萌发的。

黑格尔说："想象是艺术创造中最杰出的艺术本领，富于想象是儿童的天性。"

爱因斯坦认为："想象可以超越世界上的一切。"从这句话中，我们可以充分获悉这样一个信息：对孩子来说，爱因斯坦认为想象力比知识更为重要。因为在一个时期内，孩子学到的知识总是有限的，而想象力可以突破已有知识的局限，创造出以往未遇到过或将来才有可能实现的各种事物形象，从已知到未知，从有限的事物想象无限的事物。

孩子想象力的发展有一定的规律：1~2岁的孩子，想象力仍处于萌芽状态；3岁的孩子，想象内容稍多，但仍是零星的、散乱的、片断的；学龄前期孩子想象力有所发展，但以无意想象和再造想象为主，而有意想象和创造性想象则要到学龄后才迅速发展起来。家长朋友明白了这些规律，在和孩子一起编故事、选择素材时，就需要尊重并符合孩子发展的不同年龄特征。

孩子以形象思维为主要思维方式，他们具有丰富想象力，其想象也常常带有夸张性与多变性。当孩子游历于故事王国，与小猪、小白兔、小公主、小王子等可爱的形象进行心灵互动时，其所产生的精神活动是贯穿整个身心的，对他的成长将起着不可忽视的作用。

每个孩子的生活中，时时处处充满着各种想象，而这些丰富、生动、可爱、意趣横生的想象刚好成为家长和孩子一起编故事的好素材。在孩子的眼中，把几个小凳子横着排列就成了一列奔驰而来的火车；变换一下位置，竖着排列就成了跨越江河的大桥或高架桥。有些小女孩怀中抱着一个布娃娃，就把自己想象成布娃娃的妈妈，而细心地照顾"宝宝"。有些小男孩拿起一把扫帚放在胯下，就想象自己正骑着一匹骏马在辽阔的草原上奔跑。这一类的例子举不胜举，每一位家长朋友只要用心都可以发现，从而在和孩子一起编故事过程中，让孩子们的想象力渐渐完善与提升。这也正好应合了教育孩子的真谛：了解孩子，发现孩子，解放孩子。

随着知识经验的积累、观察能力的提高和表象的丰富，儿童脑中所储备的大量表象以及思维发展的抽象概括能力水平也得到很大的提高。这时，家长通过编故事这种方式对孩子进行良好的训练与教育，孩子的创造想象能力将会得到明显的发展和提升。毕竟创造想象的性质是科学思想发展的前奏，儿童的创造想象蕴涵着理想性，潜藏着指向未来的方向性；而想象力的最终发展与提升，对儿童的一生将会产生重大贡献及有意义的影响。众所周知，想象力在人类认识世界、改造世界的过程中起着相当重要的作用。如果没有

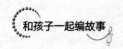

想象，就不可能有创造发明，也不可能有任何远大预见。

在《儿童叙事治疗》这本书里提到："儿童的思维和成人的不同，不过却在很大程度上受到成人想象的影响。想想所有儿童喜欢的故事片、歌谣、童话，绝大部分都是成人通过对儿童世界的想象而创作出来的。小熊维尼的创造者米尔恩，其实是一个和自己的儿子相处起来很笨拙的爸爸，但他一直希望能够找出一种接近儿子的方法，于是他在儿子1岁生日时送了儿子一只非常可爱的玩具熊，这只小熊在他的儿子长到4岁时被命名为维尼。后来米尔恩先生就以'小熊维尼'为主题创作了如《小熊维尼与跳跳虎》、《小熊维尼与蜂蜜树》、《小熊维尼之长鼻怪大冒险》、《小熊维尼历险记》、《小熊维尼新乐园》等一系列家喻户晓的故事书。儿童都喜欢这些故事，他们倾听并放飞自己的想象，然后开始自己的幻想，把从成人那里得到的情节加以吸收和演化，不断编织出其他剧本和故事。"

这就好比编故事的父母给孩子们提供了棚架，而孩子们的想象力和叙事能力则像藤蔓一样向上攀爬、茁壮成长。

和孩子一起编创故事时，家长可以利用故事所蕴含的意蕴，使孩子产生许多审美愉悦，把孩子的知觉、听觉、视觉、思维、想象、情绪、情感很自然地带入美的意境，如故事中的魔法宝物型、特殊巨人型、奇人奇事型等。

显而易见，家长和孩子一起所编的故事是有助于发展孩子的想象力和创造力的，是有助于培养孩子的美感和陶冶孩子的情操的。家长朋友每天尽可能地安排一定的时间和孩子一起编故事，不仅会大大发展与提升孩子的想象力与创造力，更能陪伴孩子一天天快乐地成长。孩子的童年时光毕竟是非常短暂的，稍纵即逝。家长要抓住这段无比珍贵的童年时光，和孩子一起编故事，发展孩子的想象力，给孩子留下一个盛满美好回忆的童年。

◆ 编故事，培养思维缜密、善于表达的孩子

人的语言能力在幼儿期发展得最为迅速。孩子在出生后的前三年就基本掌握了人类复杂的语言。

心理学认为，人的语言潜能发展的关键期就是幼儿期。孩子言语交往能力的发展是与生俱来的言语学习潜能与后天教育相互作用的结果。不给孩子说话的机会和流畅表达语言的机会，对他一生的发展都没有好处。所以家长们要重视孩子语言能力的发展，把孩子看作自己的交谈对象。家长朋友通过和孩子一起编故事这种互动方式来激发孩子语言表达，对发展孩子的言语能力大有益处。在编故事时，为了更准确地表情达意，家长还应辅以姿势、游戏、演示、示范等活动。

语言的发展不光是说话的问题。促进孩子语言发展，首先要提高他们的认知能力，通过多种形式的与孩子交谈的机会，能够把孩子先天提供的言语发展的可能性转化为言语发展的现实性。在这一点上，通过和孩子一起编故事完全能达到相应的目的。

家长要想方设法地成为孩子意图世界中受欢迎的积极参与者。孩子可

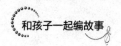

以把故事中的语言及编造故事中的各种提问和对话与自己具备的知识和想象连接起来，然后扩展各种可能的意义，开发新的思路。

所以，作为家长，在面对孩子处于一个更具有可塑性的发展阶段时，有责任思考自己对孩子的成长的影响，从而选择合适的故事来正确引导与科学发展孩子的各种能力。家长要允许孩子以主体的身份发言，提出自己对生活的见解。即使这种见解相对来说显得粗浅与不合实际，但仍然值得被尊重与被接纳。不要让孩子只是以客体的身份，依据别人的观点行事。

我在我的女儿的成长过程中，一直践行着编故事这种方式，与孩子进行着互动与沟通。目前正上三年级的女儿，在语言能力方面有明显的优势。每天放学回家，她总会把当天学校里发生的奇闻趣事向我和妻子娓娓道来，表现出很强的语言表达能力。身为中队长的她，也常常主持学校的各种节目。

在暑期及假期时，我常常带着一家人去各种地方旅游，也常常借旅游胜地的一些典故与女儿做相应的改编。如去烟台的蓬莱仙阁时，我们讲到了《八仙过海》的故事；去杭州西湖观赏雷锋塔时，我们提到《白蛇传》的传说；去九寨沟看珍珠滩瀑布时，我们提到《西游记》里的故事。女儿会用她的语言对这些故事进行改编，这也为游玩增添了许多乐趣，让我们的旅行大放光彩！

❖ 编故事，帮孩子养成好习惯

培根在《论习惯》一文中曾写过这样一句话："人的思考取决于动机，语言取决于学问与知识，而他们的行为，则多半取决于习惯。"

孩童时期是人生中成长的关键期，在这个阶段，若能培养孩子的好习惯，对孩子一生的成长和发展是非常重要的。好习惯是孩子日后走向成功的基石所在。我认为教育就是培养孩子的好习惯；或者可以说，好的教育就是促进好习惯的养成。好习惯能成就孩子的一生。但是，如果家长只是靠单纯的说教来培养孩子的好习惯，孩子是很难理解、很难接受的。

其实，家长可以借助和孩子一起编故事的方式，让孩子在与家长共同创编有关好习惯养成的故事中，循序渐进地养成好习惯。因为在所编的故事里，一些枯燥无味的教训和抽象的道理都会变得十分生动具体，容易为孩子所接受。如《没有牙齿的大老虎》提醒孩子饭后认真漱口及刷牙的重要性；《猪八戒吃西瓜》提倡孩子养成不要随地扔垃圾的好习惯；《拔萝卜》体现了团结就是力量的道理；《小红帽》提示孩子不要随便和陌生人说话的自我保护意识。

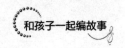

　　好习惯并不是一蹴而就、一朝一夕就能养成的。据心理学家研究统计，要培养一个习惯，需要大约21天的时间。这一点，我想家长与孩子每天通过编故事的这份耐心与陪伴也是完全可以达到的。

　　总之，选择一个好的题材与孩子共同编故事，对孩子的良好习惯养成将大有益处，能有效促进孩子良好习惯的养成。

编故事，孩子最喜欢的亲子互动方式

有心理学家曾做过一项研究，研究结果证明了一件有意思的事。把孩子抱在妈妈的腿上，戴上测量呼吸、心跳频率、皮肤电、皮肤汗腺分泌等各种各样的仪器。这时给孩子讲一个故事，讲到激动的时候，有些孩子心跳非常快，而且一直快下去。通过这个实验，我们可以了解到，当家长给孩子编讲故事时，如果双方共同沉浸在编故事与讲故事的情景中，将会出现这样的情感交流，即感动着彼此的感动，快乐着彼此的快乐，悲伤着彼此的悲伤，幸福着彼此的幸福。

和孩子一起编创故事，是家长与孩子沟通的良好媒介。在编故事、讲故事与听故事的这种良好的亲子交流中，孩子的语言潜能得以良好发展，而人际沟通能力也得到潜移默化的提升。人际沟通能力的重要性，从研究成功学与人际关系的专家戴尔·卡耐基先生所说的话中可见一斑。他说："一个人成功80%靠的是人际沟通能力，20%靠的是专业能力。"

在与孩子相处过程中，家长能始终保持好奇及开通的心态；在与孩子共创故事的过程中，建立起浓浓的亲子情感；孩子在合作编故事过程中激

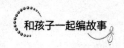

发出来的创意等，都是对家长信心的最好回报。

有一天早晨，妻子正给女儿梳头时，女儿对她妈妈说了这样几句话："妈妈，我昨夜梦到了一把神奇的魔梳，以后梳头就不用您辛苦了，只要我对着魔梳说一声'要梳头了'，魔梳就会用一眨眼的工夫帮我梳好头发，而且我想梳成什么样式，它就能给我梳成什么样式，只要我跟魔梳说明白就可以。"我与妻子听完后，均哈哈大笑起来，非常惊奇于女儿的想象力。我与妻子连忙说："我们都想拥有一把这样神奇的魔梳。"女儿很痛快地回答："当然没问题，我晚上会继续做梦，明天早晨爸爸与妈妈就能得到，而且天下所有需要梳头的人都能如愿以偿地得到这把魔梳。"

此外，美国心理学家赫洛德·傅斯博士研究发现：常被父母拥抱及聆听父母讲故事的孩子，性格会更坚强。当父母张开双臂拥抱孩子时，孩子会感到自己是被需要、被喜爱的，从而充满了极大的安全感。当他们意识到自己无论做什么，都有关爱他的人做坚强后盾的时候，就会更勇敢、更自信。

在女儿的成长过程中，我常常会用编故事、讲故事、玩游戏、拥抱等方式陪伴孩子度过每一天。早晨起床时以拥抱开始一天，睡觉时仍以拥抱来结束这一天。这种习惯一直延续到女儿快八岁的时候。在众多地方开展家庭亲子教育课程的时候，我也多次强调拥抱的重要性，我把拥抱总结为一种神奇的维他命，人人都需要它。因此，我在和女儿编故事或给女儿讲睡前故事时，常常把女儿抱在怀里；或以拥抱的方式来陪伴她，这些方法均取得了良好的效果。

编故事，洞悉孩子的内心世界

孩子刚出生时，主要依赖本能来维持个体的小生命，而心理则刚刚开始萌芽，只具备一些最为简单的感知功能，如微弱的视力、听力、味觉、嗅觉等。随着孩子年龄的渐渐增长，他慢慢开始出现记忆、想象、思维等各种心理现象。

当孩子开始能够按照一定的目的、计划去呈现行为时，便表明孩子开始形成了一个相对完整的内心世界。这时，孩子在不同的情境中出现渐趋一致的表现，从而渐渐形成相对稳定的个人特点。因此，孩子们在此时编故事活动中所呈现的言语，能够相对清晰地映射出孩子们的内心世界，从而为家长朋友洞悉孩子隐藏的内心世界提供了可能。如有的孩子手中拿着一根长度大约为半米的塑料棒时，就会说这是《西游记》里孙悟空手中的金箍棒，不仅把自己想象成神通广大的孙悟空，而且还表现出调皮、不安分、惹是生非的行为特点。孩子把自己与孙悟空的角色编在故事里，充分反映了孩子当下的心理特点。

每一个孩子都是独一无二的，在孩子的内心世界会出现明显的个体差

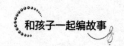

异性。家长朋友通过和孩子一起编故事的方式，以故事作为素材或媒介，掌握每个孩子独特的气质与性格方面的特点，才能够在教育孩子时做到明明白白育儿，做到因材施教、有的放矢，从而让孩子健健康康地成长。如拿积极能动性这一点来说，它对孩子心理的各个方面就容易产生非常大的影响。有的孩子对自己充满信心，勇于探索与尝试各种事物，喜欢多问几个为什么，具有强烈的好奇心；而有的孩子在面对一个陌生的情境或陌生的群体时，则表现出明显的退缩行为，对什么都显得无所谓。有的孩子自我控制能力强，情绪表达适时且得当；有的孩子"延迟满足"能力较弱，自我控制力明显差。显而易见，孩子对自己的评价及相应的自信心已经表现出一些差异。

对此，家长可以通过和孩子一起编故事，通过对孩子在所编故事中的语言表达模式特点来洞悉孩子隐藏的内心世界。"言为心声"正是此意！家长朋友若是能够把孩子所编故事的内容结合日常生活的行为进行观察，就更加能对孩子的心理现象做出比较准确的把握与解读。

如我的女儿在五岁多时就不愿意一个人在她的小屋里睡觉，白天和小朋友玩得很高兴投入，把她一个人放在亲戚家或邻居小朋友家也一点儿事都没有，但是一到晚上，她就要跟她妈妈睡在一起。有一次，全家人去北京郊区的某个农家院游玩并住宿数天。在某一个晚上，农家大院的一只母鸡通过"喔、喔、喔"的叫唤声，来呼唤小鸡们来到它的身旁并一起度过漆黑的夜晚。女儿当时刚好在场，亲眼看到了这种情境，于是编出了题目为"母鸡与小鸡"的故事，大意是母鸡每天晚上都要让它的孩子即小鸡们跟自己一起睡觉。从女儿所编的故事中，我读懂了她的心理：小鸡们能和鸡妈妈一起睡觉，而作为小孩子的她当然也可以跟妈妈一起睡觉。

编故事，让孩子在快乐中成长

在我已经出版的《怎么爱，宝贝才快乐》这本书的前言中，我曾写过这样两段话：

"每个孩子都是父母的好宝贝，是天生的诗人、哲学家，是快乐的小天使。上天赋予孩子们无穷尽的潜能，但他们仍是一块需要父母精心雕琢的玉。"

"我相信天底下所有的父母都很爱自己的孩子，这份爱是孩子成长过程中自信和力量的源泉。决定一份爱的质量高低，并不是取决于父母的社会地位、经济收入、学历等因素。从父母的角度来看，关键点不是爱与被爱，而是怎么爱，如何用适合孩子身心发展的方式去爱他，如何用孩子喜欢、接纳的方式去爱他。只有这样，孩子才能真切地感受到父母浩瀚如大海般的爱，也只有

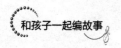

这样，孩子才能真正地感到快乐！"

讲故事及与孩子共同创编故事等方式就是一种适合孩子身心发展的方式，就是用孩子喜欢、接纳的方式促进他成长。用这种方式，就能让孩子在快乐中成长。

在《怎么爱，宝贝才快乐》这本书中呈现了不少睡前故事和亲子故事，有的家长阅读后，做了一些很有代表性的反馈，下面仅摘录两段来与大家分享。

"最喜欢的是书中的儿歌、故事、亲子游戏，这些好东东在一定程度上弥补了家庭教育与幼儿园教育的差距。虽然我给儿子买了很多开发智力的书，比如日本的多湖辉系列等，但仍然感觉这种题目还是不够多，多多益善呀。儿歌、低幼故事类的书我没买多少，主要买的是绘本和大一点儿孩子看的故事书，比如《小火车托马斯》呀、《不一样的卡梅拉》呀，现在给儿子读有点儿太长了，所以一般我都是给他讲绘本，或者编一些《花园宝宝》和《粉红猪小妹》里的故事哄他睡觉。有了这本书上的小儿歌，小故事，感觉省了不少力，这些低幼类的小故事儿子很爱听，理解得也不错。"

"这本书很有参考价值的地方是添补了不少睡前故事、亲子游戏、浅显的诗歌，不仅能让孩子动手动脑，还能让孩子学到知识。我从这本书中挑了一个故事《小猫钓鱼》讲给妞妞听，我觉得她理解得还是挺好的。我以前不太重视讲故事，以为孩子不太能理解。看来我低估孩子了。"

摘录到这里，家长完全可以体会到和孩子一起编故事对孩子快乐成长的重要性。

当然，作为家长要试着提醒自己，在与孩子共同创编新故事时，并不是家长独自背着创作的包袱，要充分加深孩子的参与程度。因为只要有合适的时机，大部分的孩子都有可能成为创作故事的小专家，正如同某本书名所说的"每个孩子就是哲学家"；同时，每个孩子也是文学家。孩子会用夸张与拟人的手法让故事里的小动物们活灵活现。

❖ 编故事，疗愈孩子受伤的心

　　除了上文所列举的那些作用，和孩子一起编故事还有一个重要意义，就是通过和孩子一起编故事可以达到治疗的目的，而所编的这一类故事归类于"治疗性故事"。具体内容放在最后一章加以阐述，请家长朋友择机翻阅。

　　为了让家长一睹为快，对治疗性故事有一个初步印象，下面暂且先列举这则《蜜蜂点点与无名花》的故事。这则故事是我在两年前接受来自加拿大的儿童治疗师孙寒老师所举办的"治疗性故事"工作坊后，与女儿豆豆共同创编的。全文呈现如下：

　　　　今天下了好大的一场暴风雨。

　　　　暴风雨过后，贪玩的蜜蜂点点就赶紧朝着自己的温馨小屋飞去。

　　　　正当蜜蜂点点慌慌张张地在低空中飞翔时，忽而隐隐约约听到一丝求助声。如果蜜蜂点点不靠近地面的草坪飞行的话，它是无法听到的。

空旷无边的草坪中发出一丝微弱的声音，在呼喊道："上面有谁啊，求你飞下来帮帮我的忙，我被雨整个浇透了，身上有好多的伤痕。"

蜜蜂点点停下来侧耳静听，可是只能很是吃力地听到来自地面上的小小声音，就是无法确定到底是谁在求助，具体位置又在哪里。

蜜蜂点点心里很是着急，不禁怀疑是否自己的耳朵出了毛病。

蜜蜂点点在无奈之际只好拍拍翅膀继续向自己的小屋飞去，这时耳边响起了比以前稍大一点儿但仍然略显微弱的声音："我在草丛中，上面有草遮挡着，请不要飞走。"

蜜蜂点点在低空中盘旋了一会儿，才发现这声音是从较为茂密的草丛中发出来的。

于是蜜蜂点点拨开一点儿草，才清楚地看到被雨淋伤的一朵银白色的自己不认识的小花。它正耷拉着脑袋，显得那么无助与可怜。它时不时地浑身发抖，不过能看出它正使出身上的一点儿力量在做最后的挣扎。

这朵不知叫啥名字的小花发现一只小蜜蜂在细细地打量着自己，眼中顿时充满了期待与求助，但是却不知道如何开口，好一会儿都说不出一句话来。

蜜蜂点点这时候落到这朵小花上，轻声地问："你好，我是蜜蜂点点。你叫什么名字？"

"哦，蜜蜂点点，你好！我也不知道自己叫啥，我想你就叫

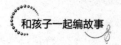

我为无名花吧！"无名花以微弱的声音回应道。

"无名花，你好！你想让我帮你什么忙呢？请赶紧说，我要回家了，不然妈妈就会很着急的。"蜜蜂点点眼看着天渐渐地暗了下来，迫不及待地像连珠炮似的一口气把话说了出来。

"我想让你帮我传一点儿花粉。"无名花低着头有气无力地说道。

"好吧，今天我没有时间了，明天一早我就来为你传粉。"蜜蜂点点回应了无名花的请求。

"点点，请一定要今天帮我做这件事。因为明天恐怕就来不及了。"无名花好像是使出浑身的力量来抬起头并用恳求的眼光看着蜜蜂点点，"因为今天这一场大雨，把我都浇透了，全身已是千疮百孔，我很快就要凋谢了。"

无名花说完这段话后，显得更为无力了，使劲儿地大口喘气。无名花说的没错，恐怕它的生命已经到了最后的关头。

蜜蜂点点有些为难地回应着：

"我妈妈看我到现在还没回家，肯定会急疯的！我不想让妈妈担心！再说现在已经到晚上了，光线也实在是太暗了，我无法进行有效的传粉啊！"

听了蜜蜂点点的这番话，无名花的头低得更厉害了，显得更加无精打采，但它仍然坚持着用微弱的声音说："蜜蜂点点，真的不行啊，我就想在生命的最后时刻通过你的帮助，让我的生命再发出一些微薄的光亮，让我可以以另一种生命形式为地球生态环境的改变做出贡献。"

"为什么要这样做啊？"蜜蜂点点对无名花的这种行为仍然无

法理解。

"因为……"无名花刚才使出很大的力量说了上面这一段话，这时再也无力向蜜蜂点点做更多的解释了。

"你不是说自己都快不行了，还传粉干什么呀？"蜜蜂点点继续打破沙锅问到底。

上面蜜蜂点点与无名花最后一部分的对话，被蜜蜂点点的妈妈听了个正着。

因为暴风雨，再加上天色已晚，点点的妈妈很是不放心，于是早早地从家出来，四处寻找自己的孩子。

点点妈妈看到自己的孩子不断追问着，这时就轻轻叫了声："点点，过来！妈妈跟你解释！"

蜜蜂点点看到妈妈在身旁，非常高兴："妈妈，您怎么找到我的啊！您都听见我和无名花的对话啦！"

点点妈妈看着自己的孩子点了点头，然后心平气和地跟点点说："孩子，刚才我听了无名花说的话，我挺感动的，无名花真棒！"

点点妈妈考虑到无名花极其虚弱，只好长话短说跟点点解释了无名花的意图。

听了妈妈的话，蜜蜂点点若有所悟地点了点头说："好的，妈妈，那我们就抓紧时间帮无名花传粉吧。"说完，蜜蜂点点在妈妈的帮助下紧张并有条不紊地忙起来了。虽然在晚上传粉不利于操作，但凭借着蜜蜂点点与妈妈的共同信念，努力克服各种不利因素，最后终于完成了传粉的工作。

"谢谢你们！"这朵无名花向蜜蜂点点及点点妈妈表达了由

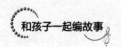

衷的感谢，它的脸上也露出了欣慰的笑容。

"不客气，也谢谢你通过用这种方式给我上了一堂很有意义的课！"蜜蜂点点用非常钦佩和恭敬的口吻回答了无名花的感谢。

点点妈妈高兴地看着自己的孩子和无名花，感叹地说了一声"好孩子！"

行文至此，对于和孩子一起编故事的重要性及意义，我想家长朋友在心里可能有较为清晰的了解与认知了。

第二篇

好父母，都能成为故事大王

——怎样和孩子一起编故事

我曾经在不同的场合，就有关家庭教育问题给家长开过讲座。每次在讲座进行的过程中，我都会根据讲座内容的需要，多次对家长做过有关在家与孩子一起编故事方面的调查。

调查结果总是很不如意，大概只有一成的家长能做到这些，有时甚至连一成还不到。大部分家长还是停留在给孩子讲经典故事，或者打开收音机让孩子听故事，或是让孩子听《小喇叭开始广播啦》，还美其名曰"亲子阅读"。

当然，如我在第一篇中提到的一样，经典故事里确实蕴藏大量丰富多彩的人类共同的财富。我在女儿处于婴幼儿期时，也常常用上述方式来进行亲子互动。不过，随着女儿渐渐长大，在女儿幼儿园的中大班及进入小学学习阶段，我就越来越偏爱于用和孩子一起编故事的方式来替代讲故事，或者用自己原创的故事与孩子做沟通和交流。

通过和孩子一起编故事的方式，把父母的爱心、智慧、包容、关怀、接纳等传达给孩子，这对孩子来说，如同一股清澈甘甜的泉水流入心田。家长应注重用编故事的方式陪伴孩子快快乐乐地成长，为孩子留下一段美好的童年时光。

对此，有些家长朋友可能会在心底里情不自禁而又迫不及待地产生了一个问题：既然与孩子一起编故事对孩子的成长如此重要，那么是否有一些浅显易懂、马上就能学以致用的方法呢？答案当然是肯定的。接下来，将为大家详细作答。

❖ 编故事前要做好准备

在和孩子一起编故事之前，家长还需做一点儿准备，这样才能让编故事的过程更加顺利，更加有趣。下面我就来细说一下编故事时，家长要做的准备工作。

🌀 放松心态，编故事其实很简单

我在开家长课堂的讲座时，经常有家长朋友觉得编故事是一件特不容易的事，家长反馈说："编故事只有专业人士，只有会讲故事的老师或者儿童、青少年教育专家才能做到。"

在此，我想对家长们所抱持的这种想法做一次澄清，即编故事并不如家长所说的或想象的那么难，甚至可以说相当容易。其实，针对这个问题，家长首当其冲是要建立编故事的正确心态。

正如心理咨询疗法之合理情绪疗法中所提到的："事情的发生并不重要，重要的是如何看待这个事情。"这句话中所指的"这个事情"放在此处，我想就是指编故事这件事了，也就是说心态决定了你如何看待它。

可见，拥有良好心态是编好故事的基石。"天下无难事，只怕有心人。"有心主要体现在家长对孩子的爱心、用心、细心等方面。这是绝大部分家长天然就拥有的。

刚开始时，家长编不出原创的故事是非常正常的，所谓"一回生，二回熟"嘛。这里的关键是一定要用自己的语言来呈现故事，这是孩子在娘胎里就已经熟悉的家长语言，这种语言会让孩子更有安全感。

据说，上文中提到的创作小熊维尼故事的作者米尔恩，他一开始并不是特别喜欢孩子的人，是什么神秘力量让他的笔端流淌出如此好玩的故事？我想应该是一份"爱心"，是一份仍然保留的接近快乐天真的童心。

多读多看，灵感就会从生活中迸发

编故事时，不要过于着急，可以从最简单的开始入手，如孩子每天都要喝水，就可以从"喝水"开始编。家长可以把小朋友喝水现象跟小树苗也要天天喝水进行联想，然后要想长成大树，就不能一天不喝水。孩子的成长与小树的成长在喝水这一点上有天然的相似点。

如下文的《小树喝水》这则小故事，就是我根据女儿小时候喝水不主动而编的。有一天，我带女儿豆豆去公园玩时，灵机一动就编了这样的一个小故事：

今天的天气真好，红红的太阳当空照，一位名叫豆豆的小女孩正在公园里玩耍。这时，小豆豆看到了一位伯伯正在给小树苗浇水。就非常好奇地问道："伯伯，您在干什么呢？"伯伯回答说："小朋友，问的好，我在让小树喝水呢。"小豆豆继续问："那小树每天都要喝水吗？"伯伯显得非常和蔼可亲，拍拍小豆豆的肩膀，轻声细语地说："对啊，当然要每天喝。要想长成大树，不能一天不喝水。你看，旁边的那一棵大树就是每天都喝不少水后，才长成今天这个样子的。"豆豆听伯伯说完后，点了点头，然后拍了拍手说："伯伯，我知道了，我要像小树一样每天都要喝好多好多水，这样也能一天天地长大，长得像大树那样壮。"伯伯微笑地摸了摸豆豆的小脑袋，夸奖小豆豆说："你真是一个既聪明又可爱的好孩子！"从此以后，豆豆每天都很自觉地喝水了，渐渐长成一位美丽、健康的大姑娘了。

故事中的小女孩就是我的女儿豆豆的化身。小豆豆与伯伯的对话与互动如同作为父亲的我同女儿豆豆的沟通与交流。我和女儿在玩游戏时所拥有的快乐心境下，一起编了这则小故事，最终达到了让女儿主动喝水的目的。

家长刚开始学编故事时，确实有可能会在开始一段时间内编不出原创故事。这时，家长就需要把一些经典故事熟读并熟记于心，先有一个事先消化的过程，然后再用自己独特的语言表达方式编给孩子听，或者让孩子根据自己的理解对经典故事重新改编。这样在原有故事情节的基础上编故

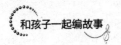

事，就相对容易多了。

我的女儿豆豆小时候常常听我讲一些经典故事，如《白雪公主》、《海的女儿》、《青蛙王子》、《渔夫和金鱼的故事》、《七色花》等。在与女儿的亲密互动中，我渐渐发现女儿对某一类故事显得特别喜欢。因为这些故事即使经过多次重复地讲读，女儿仍乐此不疲，因而很容易发现女儿的所爱。然后我就投其所好，从女儿最感兴趣的故事着手进行编创。我想那些常常给孩子讲故事的家长，一定也会知道自己孩子最喜欢哪一类故事，可以以此为契机，和孩子展开共同编故事的活动。

在这方面，我深有体会，我女儿就对她喜欢的如《海的女儿》、《白雪公主》、《灰姑娘》等经典故事进行改编。有时会把《白雪公主》、《灰姑娘》这两则故事内容编在一个故事里。每次听完女儿所编的故事，我都非常惊喜于女儿拥有的丰富的想象能力与创造能力。孩子的想象力是不能低估的。

法国社会学家塔尔德在《模仿律》一书中也提到："一切事物不是模仿，就是发明。"因此，家长在和孩子一起编故事之初，可以先模仿这些经典故事的故事架构，把这些内容内化到心里，然后再用自己的语言说出来。从不熟练到相对熟练，从简单到相对复杂，久而久之就可以与孩子一起进行有趣的想象，创编出各式各样的故事，而且是家长和孩子在其乐融融的状态下编出的孩子最感兴趣的故事。

总之，多读多看经典故事，就可以寻找创编故事的原型及灵感。

父母的经历，是孩子百听不厌的故事

　　每个家长都有自身的优势资源，比如自己的经历、专业、职业等，这些资源也可以有机结合而在编故事的过程中呈现。医生、教师、心理咨询师均各有其擅长领域，因此拥有很多很好的编故事资源。如果家长没有什么特别的专业或职业，也无妨碍。这时家长也可以把自己的经历编进去，如外出去过的各种地方所听到或看到了一些当地有趣的事，以及当地或各地的风土人情、习惯等，将这些内容巧妙地融入所编的故事中，一定也能引起孩子的兴趣。

　　从我个人的经验来看，我女儿特别喜欢听我讲我小时候的成长故事。我曾和她讲过我小时候在河里捕捉河蟹与鲫鱼的故事，在田地里找泥鳅与黄鳝的故事；也曾说过我七八岁时，因摘树上的果子不小心从树上摔下、导致左踝肿胀的故事；还跟她说过我在河里与小朋友潜泳比赛时相互撞上后致上嘴唇肿胀、一颗牙齿脱落，并至今留下牙齿不整齐的后遗症等故事。我一边绘声绘色地编着故事，一边让女儿看看我的左踝部及上唇部，女儿这时就会笑得特开心。

　　通过编故事的方式，一家人享受着天伦之乐，营造了温馨、幸福的家庭氛围。女儿对我所编的有关我小时候的故事特别感兴趣，可谓是百听不厌。从家长角度来说，每个家长肯定会有很多如我一样的成长逸事，而这些就是编故事的最好素材之一。通过编故事让孩子了解父母小时候的事情，就是帮助孩子打开一个新的想象世界。

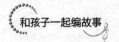

因"孩"而异，编故事

每个孩子都是独一无二的，家长要根据孩子的成长阶段、接受程度、性格特征、兴趣爱好、问题特征的不同而编出不同的故事。

如孩子在性格方面比较胆小，不愿意与他人分享玩具与食物而呈现不慷慨大方或表现出不善于跟其他小朋友交往等，家长就可以借此来编故事。当然不要用太直接的形式来跟孩子沟通，需要巧妙地设置，不露出马脚，让孩子有所体会。

家长通过和孩子一起编故事，可以达到很多目的。有时在教育自己的孩子时，往往会应和这样一句话："有心栽花花不开，无心插柳柳成荫。"当然，如果孩子是处于学前期时，就更要简单，不需要太复杂，否则只能起到"捡了芝麻丢了西瓜"及事倍功半的效果。

不同的孩子，有着不同的爱好和中意的事物，家长可以就孩子喜欢的东西来和孩子一起编故事。如有的小孩子喜欢洋娃娃，家长就可以拿洋娃娃来编故事。如我的女儿在幼儿阶段特别喜欢芭比公主系列的洋娃娃，喜欢穿白色的婚纱裙，于是我就用它作为题材编了一个故事。下面就将故事阐述如下：

可爱的洋娃娃

在我书桌的柜台上摆着一个正沉睡在甜美梦乡中的洋娃娃，她既可爱又文静，真是讨人喜欢。

娃娃的摇篮是用藤条编织而成的，四个圆溜溜的小轮子带着她四处游玩，小巧玲珑，精致极了！

精致的小摇篮里躺着可爱的小洋娃娃。她今年一岁半，那圆溜溜的黑眼珠滚动着，尖尖的鼻梁往下弯，红红的嘴唇像月牙，那好似田野般的金黄色头发上戴着一个气球状的蝴蝶结，红润的脸蛋就像秋姑娘的宝宝——红苹果（红苹果可美了，是水果中的"霸王"）。她的脚翘得高高的，手放在外面，可神气啦！我总觉得她像个生活在蜂蜜里的"小公主"，衣来伸手，饭来张口。真幸福！

她不仅外形可爱，作用更是厉害得无法形容。当你学习上遇到难题，"丈二和尚摸不着头脑"时，你定会听到她奶声奶气地说："姐姐（哥哥），你不要伤心。世上无难事，只要肯登攀。"听到这声音，你一定会忘记烦恼，开心起来。

当你烦恼时，她会替你解闷；当你失去信心时，她一定会让你重拾信心。如果考试总是考不好，她会安慰你："姐姐（哥哥），你不要灰心，相信自己，面对现实。"听到这声音，你一定会信心倍增，努力找回自我。

我最喜欢洋娃娃那对水灵灵的大眼睛。望着她，我会忘记一切烦恼；望着她，我学习的信心会增强。

每个小朋友童年时期都会有一个"布娃娃"，这是幼儿在寻找母亲的替代者。原本与母亲一体的胎儿，出生后虽然在身体上完全分离，但在心理上还是完全连在一起的。当幼儿触摸一件软软的毛茸茸的玩具时，就会在潜意识中感觉到与布娃娃在某种程度上的融合和某种意义上的温情。

故事中的小洋娃娃具备了双重角色。一个角色是小女儿自己的化身，既可爱又文静，又讨人喜欢。同时，又具备了母亲角色的化身，如故事中所说的"作用更是厉害得无法形容"，看她说出的话，完全如同一位母亲对孩子的一番语重心长般的指导。

家长还可以针对孩子比较感兴趣的事物编故事，如有些孩子对数学特别感兴趣，家长就可以编以数学内容为题材的相关故事。

下面这则《数学符号能力大比拼》，是我和女儿豆豆一起编创的故事。这个故事就在这方面做了非常巧妙的结合，大大激发了女儿学习数学的兴趣。由此可见，通过编故事的方式可以把抽象的知识学习变得趣味横生。

有一天深夜，豆豆被一阵阵此起彼伏的吵闹声弄醒了。豆豆打开灯，仔细地找寻了吵闹声的来源。原来声音来自已经收拾好的第二天上学要背的书包。打开书包，在一本干净、整洁的数学簿里传来阵阵吵闹的声音。于是，豆豆屏住了呼吸，以免被发现。她仔细聆听了一会儿，才听明白原来吵吵闹闹的是一些数学符号，它们正在进行能力大比拼呢！它们个个争得面红耳赤，谁也不服输。

首先，加号第一个大声地说："在我施的魔术下，我能把一个数字和另外一个数字轻而易举地变成另一个数字，同时这个数字一定比其中任何一个数字都显得要大。什么样的数字我都可以变成，即使是好几个数字在一起我也能变成功。因此在数学中我最为重要。"

加号的话音刚落，就引来一阵嘲笑。特别显得不服气的就是减号，它首先反驳加号说："加号你别太骄傲了，你这点本事有什么了不起的，你只是把数字变大，而我则可以把数字变小。"减号然后把头转向大家，故意模仿加号的表达方式，"在我施的魔术下，我能把一个数字和另外一个数字轻而易举地变成另一个数字，同时这个数字一定比其中任何一个数字都显得要小。什么样的数字我都可以变成，即使是好几个数字在一起我也能变成功。因此在数学中我最为重要。"

等于号听完后也很不服气，气呼呼地说："如果没有我等于号，即使你们魔法再高，也变不成另外一个数字。哈哈，大家肯定觉得我最为重要了。"大于号、小于号这时也不甘示弱，它们一齐大声叫喊着："要是没有我们，数字就没大没小了。"……

大家继续在不停地争吵着，站在一旁的豆豆也听得入了迷，不仅没有因为被吵醒而对它们生气，反而对这一些数学符号变得更加喜欢了。考虑到第二天还要起个大早去上学，只好委婉地表达了自己的看法。

豆豆心平气和地对数学符号说："你们每一个都很重要，一个也不能少啊！一旦少了一个，数学王国就没有那么精彩了。"听了豆豆的话，大家都非常认同豆豆所说的话，不好意思地低下了头。大家异口同声地说："豆豆，请你放心！从此以后，我们一定会相亲相爱，互相帮助，为你学好数学提供更多的便利。"

当然，随着孩子从小学升到中学，一旦学习了更多的数学符号，如根号、分号、小数点等，家长就可以继续就《数学符号能力大比拼》进行扩编。

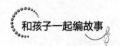

不同年龄的孩子，编不同的故事

不同年龄段的孩子，对故事的兴趣也有不同，家长要根据不同年龄段孩子的特征，来选择对应的语言和素材和孩子一起编故事。

对于3~6岁的孩子来说，家长就可以用贴近孩子的语言特点来编。这个阶段的孩子尚处于图像思维时期，因此家长可以编一些简单的、有关动物、自然等图像感较强的故事。如果家长能配合着简单的道具把简单的故事情节表演出来，孩子往往会更欢迎。

6~12岁的孩子已到了小学阶段，开始接受系统的小学教育了。这个阶段孩子明显地出现了抽象逻辑思维的萌芽，具体表现在分析、综合、比较、概括等思维基本过程的发展，理解能力也大有提高。针对这个阶段的孩子，家长和孩子一起编的故事就要相对复杂一些，否则孩子会感到"不解渴"。家长可以编一些英雄故事，如某个英雄人物为了一个目标克服重重困难，最终取得了胜利，从而在这个世界上占据了一定的位置。在编故事时，动物角色是可以编的，但里面的内容如动物的生活习性等尽量要真实。

所以，针对稍大点儿的孩子来说，我想表达的是，一个好故事尽量要有WHO、WHAT、HOW等内容。

其中WHO主要强调的是要确定故事中的主要角色，要考虑通过谁（或什么事物）来反映这个问题，由谁来面对这个问题。最终解决这个问题的人、动物或物件就可以充当故事的主角。

WHAT是指要编一个故事就要有相应题材内容。它可能是真实的，也可能是虚构的，这些都没有关系。如身边看到的"月季花""小桔子""小汽车玩具"等，均可以顺手拿来编故事。

HOW是指所编的故事是怎样演变的？事情发生后，故事中主角是如何认识的，在情绪与行为方面有什么反应？有无得到外界的帮助与支持？得到帮助后又有了怎样的变化？这些在本书中所编的《小猴想称王》、《气球空中漫游记》等故事中均有所体现。

大脑里有了故事的大概框架内容，即在故事里有故事发生、发展及结局这些内容，这样编故事就变得相对容易了。此外，故事结局可以是开放性的，给孩子留下更多想象的空间，为编写连续剧式的故事埋下伏笔，就像《哈利·波特》系列。

总之，根据孩子的年龄特点和环境需要可采取不同方法，激发孩子兴趣，启发孩子思维，使孩子从爱听故事到主动编故事，成为思维敏捷、口齿伶俐的故事大王。

此外，每天不同的时间段，家长也要和孩子一起编合乎这些时段的故事。如睡前故事要呈现安静祥和、温馨的氛围，在编的故事里尽量要有重复的睡觉字眼，以利于孩子入睡。如果这个时候和孩子一起编的故事让孩子感到越来越兴奋，编一个不够还想继续编下去，将会导致孩子无法安然入睡。根据我的经验，在编此类故事时，尽量要配合一些优美、柔和的轻音乐作为背景，让孩子带着天籁之音进入甜美梦境。

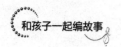

身处不同的地点，编不同的故事

现在家长们经常会带孩子外出游玩，在这种时候，就可以根据地点的不同，和孩子一起"因地制宜"地编故事。比如，带孩子去植物园玩时，家长可以和孩子一起编与植物有关的故事，如花园里各种花仙子争芳斗艳的小故事；带孩子去动物园游玩时，可以编一编与动物有关的故事，如老虎怎么在动物园称霸，或《狐假虎威》故事续编，狮子怎样保护自己的孩子等。

下面我们来看一则故事——《可爱的小仓鼠》，这则故事是我女儿参观完动物园后，自己养了一只小动物并仔细观察后而编的。

有一天，爸爸从学校讲课回家的路上，给我买了一只小仓鼠。我一见到小仓鼠就高兴极了，因为这只小仓鼠真是太可爱了！

它的体形就像小雨滴一样，头小小的，身子大大的。它一身灰色的毛，眼睛圆圆的，尾巴又短又粗，像个圆圆的小球。

小仓鼠长着一对尖尖的小耳朵，平常它的耳朵是一只垂下去的，另一只是竖起来的，只要一有动静，那只竖起来的耳朵就会听到。同时，垂下的耳朵也会竖起而且会上下抖动。

小仓鼠有一个属于它自己的小家。小家里面有食物盘，有水瓶，有转盘小玩具，还有睡觉时铺在底下的小木屑，真是舒服呀！小仓鼠在我家过得可开心了。

我最难忘的是帮小仓鼠洗澡。一天晚上，小仓鼠非常脏，我和爸爸妈妈决定给小仓鼠洗澡。它有一个专门洗澡的小塑料盒，里面倒上白色的沙子。我把小仓鼠轻轻地放进洗澡盒，需要赶紧用手捂着，防止小仓鼠跑出来。

这时，我就用手紧紧地捂着。过了一会儿，小仓鼠就用爪子挠我的手。我就只好把手松开了，因为我的手被小仓鼠挠得好痒痒啊。我把手松开后，小仓鼠非常机灵又快速地跑了出来。妈妈在一旁发出惊叫声，爸爸立刻蹲下身子去抓，最后终于抓住了小仓鼠。真是小小的虚惊一场啊！

我喜欢这只小仓鼠，有时常常在梦里梦见它，跟它一起玩。有一次，在梦里出现小仓鼠带我去了美丽的森林里，见到了好多可爱的小动物，我跟它们都成了好朋友。这真是一只可爱的小仓鼠啊！

以此类推，家长朋友完全可以根据自己家中所养的小动物，编出不同小动物的故事。针对动物方面的编故事的实践，在第三篇中将有大量的记录。

好故事，有技巧——怎样和孩子一起编故事

和孩子编故事的具体方法有很多，下面就一些常用方法，给家长做一些深入浅出的介绍，以方便家长在编故事的实践活动中借鉴应用。

和孩子对话，一问一答编故事

针对年纪尚小或者语言能力相对较弱的3岁到6岁的幼儿，爸爸妈妈不妨以编讲故事为主。爸爸妈妈编讲故事时，可以根据孩子的理解能力向孩子提问，这样可以与孩子一起针对提问内容进行回答互动，使孩子与父母在其乐融融的环境中找到编故事的乐趣。如果孩子有什么奇思妙想，父母要及时给予鼓励，并尽可能尊重孩子的设想。

在本书的开篇，我就提到了我与女儿一起编的故事——《气球空中漫游记》。这个故事的编创过程就体现了一问一答编故事的方法。这个故事

经过整理现呈现如下，家长们在读的过程中，可以细细体会一下这种方法的应用。

气球空中漫游记

有一只大气球悄无声息地从小女孩豆豆手中溜走了。女孩豆豆看到一只气球在她旁边上空徐徐飞翔时，才知道奶奶买的气球已不在手中。豆豆顿时感到很伤心，小嘴一撇，漂亮的眼睛里也立即蓄满了晶莹剔透的泪珠，眼看着就要大哭起来。这时，她的爸爸灵机一动，和豆豆一起，一问一答地编了个故事。

这个气球终于挣脱了束缚，来到了宽阔无垠的天空，无拘无束、自由自在地在空中飘呀飘呀。

这时，豆豆的爸爸就开始问豆豆："气球可能会飘过哪里呢？"

豆豆马上进入思考的状态，开启"会思考的房子"（即大脑），展开丰富的想象，兴致勃勃地回答说："气球可能会飘过美丽的果园，看见了许多又大又红的苹果。"

"气球还可能会飘过哪里呢？"豆豆的爸爸又问道。

豆豆答道："还有可能会飘过大海，看到海豚在水中快乐嬉戏游玩。还可能会飘过草原，看见了牛群在吃草。"

接着，豆豆爸就又顺着豆豆的思路很自然地继续往下问："这时，它们又跟气球说什么了呢？"

苹果问："气球，气球，你去哪里啊？下来跟我一起玩吧！"气球摆了摆手说："不行啊，我要飞到白云奶奶家，告诉奶奶下一点儿雨，这样你就可以吸收水分，就会长得大大的、红红的。"

海豚问："气球，气球，你去哪里啊？下来跟我一起玩吧！"气球摆了摆手说："不行啊，我要飞到白云奶奶家，告诉奶奶下一点儿雨，这样你就会有多多的海水，可以在水里快快乐乐地游了。"

奶牛问："气球，气球，你去哪里啊？下来跟我一起玩吧！"气球摆了摆手说："不行啊，我要飞到白云奶奶家，告诉奶奶下一点儿雨，这样小草就会长得绿油油的，你吃完后就会产生好多好多的奶水，牛宝宝们就有的吃了，就会长得高高大大的。"

于是，气球在空中不停地飞呀飞呀，不怕寒风的吹打，不顾烈日的暴晒，也抵御住空中飞鸟的各种诱惑，终于成功地来到了白云奶奶家，把请求下雨的理由一一告诉了白云奶奶。白云奶奶夸了气球一句："你真是个心地善良的好孩子！"然后她就马不停蹄地下起了雨。这时，苹果笑了，海豚笑了，奶牛笑了，气球也哈哈大笑了。

在故事中，我扮演的是提问者，如苹果、海豚、奶牛等，豆豆则是扮演回答者——气球。就这样一问一答，我和女儿一起完成了这则故事。当我和女儿豆豆把这整个故事编完后，豆豆笑了，我也笑了。

如果孩子已是小学二三年级的学生，这时候家长就可以借助孩子课本里的故事进行提问，但提问的内容要跟孩子目前的接受能力相匹配。

就地取材，看图看物编故事

这里所说的图和物可以指孩子身边能接触到的任何事物，家长尽量做到就地取材。提供一个逼真形象的材料，然后与孩子就此图或物开始编故事。这样不仅能大大地激发孩子的兴趣，还有利于培养孩子的专注力。

看图编故事就是让孩子仔细观看一幅画，让孩子能够快速且较容易地理解图画内容，然后让孩子展开自由想象，用孩子自己的语言，结合家长的适当引导，从而编出一个较为完整的故事。在看图编故事的过程中，家长要注意循序渐进，先从简单的图画开始，逐步提升到复杂的图画。

教孩子看图编故事，首先是教孩子看清这张图片上有什么：人、动物、物体、人物的动作、人物的表情等。让孩子看清这些后，再展开想象：他（它）们正在干什么？这是什么时间？在什么地方？以前他（它）们可能干了什么？以后可能干什么……当孩子能够通过想象和猜测将这些问题一一回答出来以后，这个故事也就差不多成形了。

下面这则由我女儿亲自命名为《草莓公主》的小故事，就是我和女儿看到了一个小女孩吃草莓的图画而编的。

草莓公主

在一天清晨，一位最受国王及王后宠爱的小公主收到了一封神秘的来信。信中的内容是："亲爱的公主，在你即将到来的这个生日，你会收到一个特别的礼物，即一颗神奇的草莓。只要你把草莓牢牢放在手中，你将是世界上最美丽的公主了。"

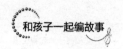
公主看到这封信，非常高兴。在她生日到来的那一天，如信中所说一样，收到了这颗神奇的草莓。于是公主每天与草莓形影不离、爱不释手，生怕草莓一不小心从手中掉落，自己就不能成为世界上最美丽的公主了。

这个故事，是我编完开头后，女儿根据图画的内容开始往下编的。一般说来，故事的开头较难编，可以由家长编故事开头，然后让孩子编故事的中间或结尾。在编的过程中，如果孩子编不下去了，家长要想办法启发他，帮助他编下去，但应注意尽量不要使孩子受家长的想法限制，要让孩子自己去想象，培养他们的想象力。编完之后，家长可以适当地给予评价，用少而精的语言，以鼓励为主。

编了一次以后，还可以让孩子编第二次、第三次，就可以互换一下角色，让孩子来编开头，家长来编后面部分。这样既训练了孩子，家长又把自己的想法跟孩子进行了交流。经过多次训练之后，再拿出一张图画就可以启发孩子完整地编故事了。

有关看物来编故事，就更显得简单了，也特别容易操作。下面就把我女儿每天观察西红柿种子与辣椒种子成长的故事呈现如下。女儿豆豆在小学二年级有一次上了一堂有关种子成长的课后，在家种了西红柿与辣椒，并以此为素材编了个故事。女儿把这个以她为主而编的故事命名为《柿柿与椒椒》，女儿边编边讲，我在一旁做记录，文字方面几乎未做任何修改。

柿柿与椒椒

一天，柿柿和椒椒都被一个叫豆豆的小女孩种在花盆的土壤里。然后，豆豆把塑料袋盖在它们的头上。

过了一会儿，柿柿就开始说话了："椒椒，我怎么感觉这么闷？"

椒椒回应说："没错，我也感觉到闷。我现在睁着眼睛，可我什么也没有看见，眼前一片漆黑。"

它们的对话被旁边正在观察柿柿和椒椒这两位可爱种子的豆豆听了个正着，她马上回应道："椒椒，你还在土里呢！还没有生长出来，在土里当然是黑的。"

椒椒听见了，柿柿也听见了。它们就使劲儿地往上钻呀钻呀！

过了几天，豆豆放学回家，惊喜地发现椒椒与柿柿长出了嫩绿的小芽。

这时柿柿又开始说话了："我好像看见点儿什么了。"

椒椒也兴奋地说："我都看到豆豆家的景象了，有好多好多的玩具，也有好多好多的书。"

柿柿说："那就说明咱们都长出来了！"

椒椒说："当然了！"

豆豆听到柿柿与椒椒的对话后，立刻手舞足蹈，并高兴地大声喊出来："我的西红柿与辣椒已经长出来了。"

于是，豆豆就把塑料袋解开了，因为椒椒与柿柿已经长大了。

有一天，豆豆跟小朋友在花园里玩捉迷藏的游戏时，不小心一只脚跌伤了。医生说需要在医院里住一个月。这一下，豆豆可发愁了：我的好朋友椒椒与柿柿怎么办啊？

确实如豆豆担心的一样，爸爸妈妈忙于照顾豆豆，没有时间照顾它们。以前是豆豆每天精心地养护它们，跟它们聊天，说一

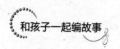

些在学校发生的开心事，唱一些豆豆最拿手的歌曲给它们听，柿柿与椒椒就长得特别快，特别健康，也特别快乐。这一段时间以来，柿柿与椒椒就整个打蔫儿了。

豆豆回家后，看见柿柿与椒椒这个样子，心里特别不是滋味，眼泪都快下来了。幸好豆豆回来及时，及时地浇灌后，柿柿与椒椒又能健壮地成长了，并露出了灿烂的笑容。

豆豆在晚上做了一个梦，梦见柿柿与椒椒都长得非常好！秋天到了，豆豆摘下一个西红柿，尝了一口，惊喜地说："好甜啊！"

这个故事也反映了女儿想要快快长大的心愿。把自己跟西红柿种子与辣椒种子做了巧妙的联结，期待也有人能好好地照顾自己。同时，我也看到了女儿豆豆身上拥有的纯真、善良、友好等性格特点。

在编故事中，家长通过设置一些问题，不仅可以提升孩子的注意力，同时也能促进孩子的思考能力与解决问题的能力。在编故事时，家长要鼓励孩子多动脑筋，锻炼孩子的提问题能力与逻辑思考能力。如我经常跟我女儿说的"动用你会思考的房子"，然后女儿就会情不自禁地思考问题，并提出许多奇妙的问题。有一句话说得好："提出问题就是解决问题的一半。"

留点悬念，接龙式编故事

给孩子编故事有时需要做一些稍微的处理，比如编到高潮部分时，就可以暂时中断，这样常常会激起孩子强烈的求知欲与探索欲。所以，每个家长给孩子编故事时，应当有意识地给孩子留有想象空间，在故事的紧要处或结尾部分留个悬念，让孩子顺着自己的思路把故事编完，孩子通常会编出许多迥异的结尾，很多都是不乏想象又合情合理的。当孩子处于兴致勃勃、情绪激昂的状态的时候，也是孩子发挥想象、续编故事的最佳时机，此刻家长稍加指点，孩子有可能把原故事的结局接龙出新颖神奇的结果来。

如下面这则《红灯笼找朋友》的故事，在结尾处留下一些疑问，让故事有延续的空间，可以继续往下接龙，让故事变得更完整。

红灯笼找朋友

红灯笼可漂亮了！你看它，它的身子红彤彤的，像小孩子害羞的脸，也像黄昏时的晚霞。在身子的最中央有一截蜡烛燃烧着，通过灯笼纸隐隐可以看到它的执着。大家纷纷夸赞红灯笼的美丽。可是，红灯笼没有朋友，一天晚上，红灯笼带着小蜡烛去找朋友。

红灯笼飞过草丛，看见了一只蜻蜓。红灯笼说："蜻蜓，你能做我的朋友吗？"蜻蜓说："好啊！好啊！"红灯笼高兴地说："那你和我一起去玩吧！"蜻蜓说："我迷路了，你帮我照亮吧！"红灯笼不高兴地说："我不能帮你照亮，我要去找朋友。"说完，红灯笼就带着小蜡烛飞走了。

红灯笼飞啊飞，它看见了一根电线，红灯笼说："电线，你能做我的朋友吗？"电线说："好啊！"红灯笼高兴地说："那你和我一起去玩吧！"电线说："我弟弟到现在还没回来，妈妈让我出来找，你帮我一起找吧！"红灯笼不高兴地说："我不能跟你一起去找，我要去找朋友。"说完，红灯笼就带着小蜡烛飞走了。

红灯笼飞到了湖边，它远远地就看见了一只草丛里的小白兔，红灯笼走上前去说："小白兔，你能做我的朋友吗？"小白兔说："好啊！好啊！"红灯笼高兴地说："那你和我一起去玩吧！"小白兔说："妈妈生病了，需要做手术，没有亮光，你能帮忙照一下亮吗？"红灯笼不高兴地说："我不能帮你的忙，我要去找朋友。"说完，红灯笼就带着小蜡烛飞走了。

红灯笼找啊找，找了一个晚上，也没有交到一个朋友，红灯笼只好垂头丧气地回家了。

故事编到这里，家长可以跟孩子讨论：红灯笼为什么找不到朋友？红灯笼怎么做才能找到朋友？尽量多从孩子自身的问题出发找原因，引发孩子进行思考。孩子在成长过程中，良好的同伴关系建立对孩子的身心发展非常重要。同伴在孩子成长过程中的地位是家长无法替代的。

用故事接龙的方式和孩子编故事的时候，一定要给孩子一个提醒或有效的示范，然后根据需要提供更多的结尾安排，让孩子做出选择，这样故事就得以往下续接。

当然，这种方式不适合于编睡前故事，否则会影响孩子的情绪，可能导致孩子无法入睡。

谈谈和孩子一起编故事后的收获

　　上面讲述了许多编故事的方法，家长朋友看到这里，也就对编故事的方法有了较为全面的了解，可能渐渐觉得编故事没有想象中那么难了。我就常用上述的方法与我的女儿一起编故事。现如今上小学三年级的女儿自己也会编各种各样的故事了。她有一个精美的日记本，不仅记录了她自己编的故事，也有我与她一起编的故事。因此，女儿的写作能力也变得非常优秀，常常得到老师的好评。

　　总而言之，在编故事方法上，我提倡家长多采用多元整合法，可以用比喻、象征、联想、扩展等方法在不同故事里整合使用，也可以改编故事。家长可以随时随地，随情随境，随孩（子）随事来创编各种故事。在儿童的世界里，生活是故事，故事是生活。在成人的世界里，不是缺少故事，而是缺少对身边故事的发现。

　　在现实生活中，只要孩子愿意聆听，就会深深地激励家长。只要家长愿意安排出时间与孩子一同编故事，孩子的心里将是美滋滋的。无论孩子的反馈如何，都将有利于家长提升编故事的能力。

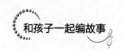

　　家长和孩子在编故事之初，要简短一些，然后逐渐变长，让孩子有一个适应的过程。编上一两个相对成功的故事后，家长和孩子的信心都会大增。从开始的畏难到最后的迷恋与热爱，"不让一天在不编故事中度过"，与爸爸妈妈一起编故事将成为孩子成长道路上一道美丽的风景线，为孩子的童年时光留下一段难以磨灭的记忆空间。

　　这就是编故事的三步曲。每个家长尽量从"慢三""中三""快三"等优美曲子中循序渐进地去找感觉。当然，要想在"编故事王国"这个舞池里尽情潇洒、释放才华而最终成长为"舞林高手"，绝非一日之功。

　　最后，父母在和孩子一起编故事的过程中，还需要注意几个小问题：

　　1.和孩子编故事，不需要施加压力，这是一个增进亲子感情的互动机会。睡前，在孩子洗完澡躺在床上的时候，和孩子以轻松的聊天开始，充分体验温馨的亲子时间。

　　2.让孩子参与编故事，并非是要培养一个"故事大王"，主要是提升孩子语言表达的兴趣、能力，训练孩子的发散性思维。这不是硬性规定的任务，也没有考评的指标，只是一项轻松可行的游戏。凡事还需量力而行，循序渐进，从简单开始。

　　3.孩子年纪小，经验少，语言幼稚、思维简单，这都是很正常的表现。大人动辄说"这是不对的"、那是"不可能的"，那么孩子的想象力很快就会被无情扼杀。想象本无界，故事本是人来编，没有错与对，肯定是对孩子最好的激励。

　　4.家长要做故事的记录者。当孩子说了妙趣横生的话语、编了情节曲折的故事，家长都要及时地记录下来，适当时候，可以给孩子做些回顾，让孩子吃惊于自己的创造力，为他以后的"创作"提升自信心。

5.就是单纯的"编故事"，而不是想用编故事来"教训"孩子懂礼貌、要孝顺、用功学习……孩子聪明得很，几次下来，孩子就会开始排斥父母"说教型"的故事了。

6.建议采取"交互式"的编故事方式，也就是说在跟孩子说编故事时，要鼓励孩子插嘴，提出自己的看法，刚开始即使是"瞎编"也无妨，毕竟也算是迈出了关键的第一步。让故事成为亲子沟通的最佳媒介之一。

7.编故事的时间不宜过长，尤其是针对婴幼儿期的孩子，一般以5到25分钟为宜，编的时间太长，孩子会感到疲劳，不仅达不到效果，反而可能让孩子产生厌烦情绪。有时候，当家长发现孩子的注意力不在编故事上时，就要适可而止。和孩子一起编故事，就是跟孩子一起借助编故事的形式来交流，是不断互动与分享的过程。家长要用心观察孩子当下的种种反应，何时继续，何时终止，要视与孩子互动的情况而定。

8.家长要结合孩子的性格特点来编。每个孩子都是独一无二的，有的外向，有的内向；有的活泼开朗，有的安静不语。家长结合自己孩子的性格特点，有意识地做一些处理，在不显山不露水的前提下，编一些有针对性的"治疗性故事"。如针对胆小者，可编一些勇敢者胜利的故事。当孩子有懒惰行为时，可以改编《懒人吃烧饼的故事》。当孩子有撒谎行为时，可以改编《狼来了》的故事。

最后，用三句话作为编故事的总结：

第一句是："在实践中总结，在总结中实践。"

第二句是："适合自己孩子，就已够好！"

第三句是："大胆去编吧！"

第三篇

好父母的故事小屋

通过前面两篇的阅读，我想家长朋友已经了解了和孩子一起编故事的重要性及意义所在；同时，也了解了编故事的许多技巧及相应的注意事项，掌握了根据孩子的各个年龄阶段、不同的心理特点而和孩子编出不同故事的规律，从而在编故事，甚而编出一个好故事方面的信心有明显提高。于是，许多家长已按捺不住兴奋的心情，迫不及待地投入和孩子一起编故事的活动中。

　　不过，有些家长也许会进一步提出这样一个诉求：如果在和孩子一起编故事之前，能有大量已编好的故事作为模仿与学习的范文，那该有多好啊！于是，他们很自然地就会问这样一个问题：有没有一些已编好的故事，而且在已编好的故事里提供专业的点评与指导，把前面两篇所讲的内容融会贯通在一起？为了满足家长朋友的这种需要，下面就提供一个温馨、丰富多彩的故事小屋。故事小屋的每一个故事都提供相应的点评，供家长参阅。

　　我相信家长朋友在阅读了前面两篇内容的基础上，再通过对下面为家长朋友精心提供的已编创好的故事大餐的学习和借鉴，一定能够和孩子一起编出数不胜数的精彩故事。那还等什么呢？家长朋友，请跟我一起踏上编故事之旅吧！

经典童话篇

　　家长刚开始学编故事，而在一段时间内又编不出原创故事的时候，可以把一些经典故事熟读并熟记于心，先有一个事先消化的过程，然后用自己独特的语言表达方式再编给孩子听，或者让孩子根据自己的理解对经典故事重新改编。

　　我深深相信，无数的家长朋友把给孩子讲童话故事作为每天与孩子亲密互动的一项"保留曲目"，而且这也已成为一种建立良好亲子关系的固定模式。正因如此，家长与孩子对一些经典的童话故事可能就有了一定的熟悉感与亲切感，改编起来相对也就容易一些。

　　著名儿童文学家严文井曾经说过："童话故事在孩子生活中天天产生，处处产生，爱听爱看童话故事可以说是孩子的天性。"

　　好的童话故事如阳光般普照着每一位孩子童年的成长之路，如雨露般滋润着每个孩子的心灵。童话作品的特点是新异性、神秘性、超越性、假定性、幻想性，也处处呈现出人性的光辉面，这些特点与孩子的心理发展特点具有较强的相似性。如《格林童话》、《影响孩子一生的101个经典

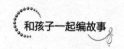

神话》、《安徒生童话》、《伊索寓言》、《365夜故事》等，这些故事均是儿童的成长养分，如同水对一个人的生命那般重要。

既然如此，我想每一位深爱自己子女的家长朋友不妨做这样一种尝试，把每天给孩子讲童话故事，用和孩子一起改编童话故事或新编其他故事来替换。家长跟孩子在一个舒适、温馨、安全的家庭氛围里，通过一起编故事真正互动起来，让孩子从一个被动的小听众成为主动改编优秀童话故事的积极参与者。久而久之，这对孩子的身心健康成长将大有神益。家长也会潜移默化、循序渐进地明白与体会和孩子一起编故事的重要意义。

因为改编后的优秀的童话故事往往能集思想美、情感美、形象美、意境美、语言美于一体，给孩子以美的享受与启迪，使孩子从小受到这五种美的熏陶，从而健全了孩子的身心。

当孩子们兴致勃勃地与家长共同编出一个又一个故事时，故事里的主人公形象往往是孩子内心世界的某种投射，孩子们不仅能与故事中的主人公产生心灵意义的互动，还常常能够进入故事的情境中去创造与想象，与自己喜爱的形象同呼吸、共命运。在这种感同身受下，孩子的精神世界得到了净化，而家长也可以通过故事中主人公形象去了解孩子的心理状况，甚而还可以通过选择一些孩子熟知的动植物的意象特点来达到治疗孩子心理创伤的目的。

同时，孩子主动参与完成的各种故事里的世界也是孩子心灵畅游的地方，促使孩子从感知认识开始向系统和逻辑性方向发展，也进一步训练了孩子的发散性思维能力。

例如，当我和女儿一起完成对《龟兔赛跑》的重新改编后，女儿对编创故事的信心大大增加，而她的发散性思维也得到大大激发。有一次女儿非常高兴地跟我说："爸爸，咱们一起编了这个《新龟兔赛跑》的故事以后，还可以编小马与蜗牛比赛的故事，大象被蚂蚁打败的故事。"听了女儿的话，我感到由衷的高兴，并对通过和孩子一起编故事来提升他们的思维力、想象力、表达力以及写作能力等深信不疑。

家长要明白一点，孩子的创造力是不能低估的。在这方面，我深有体会，我女儿就对她喜欢的如《海的女儿》、《白雪公主》、《灰姑娘》等进行改编。有时她还会把《白雪公主》、《灰姑娘》这两则故事内容放在一个故事里编。我每次听完女儿编的故事后，都非常欣赏女儿拥有的丰富的创意能力。接下来就让我们一起来看几个经典故事的改编版本。

《海的女儿》新编

在海的远处，水是那么蓝，像最美丽的矢车菊花瓣；同时又是那么清，像最明亮的玻璃。然而它很深很深，深得任何锚链都达不到底。要想从海底一直达到水面，必须有许多许多教堂尖塔一个接着一个地连起来才成。海底的人就住在这下面。

在海底的皇宫里住着六位美丽的美人鱼公主。她们期待着15岁那年可以浮到水面，去看传说中的人类世界，听老祖母说："那里地上的花儿能散发出香气来，地上的森林是绿色的，而且人们所看到的在树枝间飞来飞去的鸟儿歌唱得那么清脆和好听，叫人感到愉快。"

对于这一切，最小的美人鱼感到好奇极了，她着急地等待着自己15岁生日的来临。

那一天终于来了。她浮到水面，目睹了一次王子生日的庆祝舞会。啊，这位年轻的王子多么英俊啊！当音乐在这光华灿烂的夜里慢慢消逝的时候，他跟水手们握着手，微笑……然而不幸发生了，一场大的暴风雨把船刮沉了，船上的人们都沉到了海里。小美人鱼使劲儿地游呀游，可是还是没能及时游到王子的身边，只能眼睁睁看着王子沉入水底。

王子沉入了水底，小美人鱼把王子带到了自己的宫殿，放进了一个巨大的、嘴里含了一枚硕大的珍珠、周围堆满了闪闪发光的贝壳的牡蛎里。就这样，小美人鱼一直注视着王子，一天一天过去了，她发现自己竟然爱上了王子。但是王子却已经死去了。

小美人鱼去找海王。她哭着跪倒在海王的宫殿前，一天，两天，三天……小美人鱼一边哭，一边跪着求自己的父王帮助自己。

一天傍晚，年迈的海王走了出来，他拉起小美人鱼的手，对她说："孩子，起来吧！不是爸爸不想帮你，只是那样做的话就可能会害死你啊！"

"什么办法？爸爸，我不怕！"小美人鱼坚定地说。

"在可怕的东海底，曾经遗落过一粒红珍珠。如果你能找到它，让王子服下，王子就会苏醒过来，并且可以自由地在海底生活。不过那个地方太凶险了，我怕你会因此丧命的。"海王的眼里充满了担心和不舍。

"放心吧，爸爸！无论有多少困难，我一定会找到红珍珠，然后平安回来的。"小美人鱼没有丝毫的迟疑。

告别了心爱的王子，告别了姐姐、父王和老祖母，小美人鱼踏上了寻找红珍珠的路途。

五个春秋匆匆而过，小美人鱼回来了。她长高了，也变得更为美丽。她的皮肤比玫瑰的花瓣还要光滑，她的眼睛比最深的湖水还要蔚蓝，她的长发一直垂到了脚踝，像精灵一样飞舞。而在她的手掌里，有一颗硕大的红珍珠，闪闪发光。

她飞奔到自己的宫殿，轻抚着心爱的王子，把珍珠喂到了他的嘴里。很快，王子苏醒了。他注视着身边美丽的美人鱼，感到无比亲切。

一个月后，海底的皇宫变成了一片欢乐的海洋。这里开起了盛大的舞会。这个宽广的舞厅里的墙壁和天花板是用厚而透明的玻璃砌成的。成千成百草绿色和粉红色的巨型贝壳一排一排地立在四边；它们里面燃着蓝色的火焰，照亮了整个舞厅。这光亮又透过墙壁，照明了外面的海。人们可以看到无数的大小鱼群向这座水晶宫游来，有的鳞上发着紫色的光，有的鳞上发着银白的光，还有的鳞上发着金色的光。

不久，小美人鱼和王子结婚了，他们过着幸福的生活。小美人鱼给王子讲海底的故事，王子告诉小美人鱼人类的生活，他们有时在皇宫里游玩，有时浮出水面看陆地的风景……

> 改编后的故事结局，往往以快乐、美满的结局为主要特色，符合孩子内心的需要。

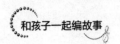

《小红帽》续编

每天晚上，妈妈都会给鹏鹏讲童话故事。

今天，妈妈给鹏鹏讲了《小红帽》的故事。不过，在聪明的小红帽把石头放在了大灰狼的肚子里，大灰狼喝水掉到了河里之后，故事就讲完了。可是鹏鹏还没有听够呢。

> 孩子对于自己喜欢的故事可谓百听不厌。所以，家长要注意这一点，有的已经编好的故事，可以一而再、再而三地重复给孩子听。编故事重质量胜于数量。

"然后呢？"鹏鹏扒着妈妈的袖口问道。

"然后啊？咱们的鹏鹏想一想，然后怎样了呢？大灰狼会在河水里发生什么事情呢？"妈妈用鼓励的口吻问道。

"然后……大灰狼从河里爬出来了，他气冲冲地去了动物委员会。"鹏鹏眨了眨眼睛说道。

妈妈故作不解地问："是吗？那你知道他要去动物委员会干什么吗？"

"妈妈，你不会忘了吧，动物委员会是用来保护动物不受伤害的。于是，大灰狼就去把小红帽告了。可是，小红帽也不服气啊，她说自己是为了保护自己。"

"哦，这样啊，那怎么办啊？鹏鹏再想一想，看看有没有解决问题的好办法啊？"妈妈笑着问他。

"当然了！"鹏鹏扬起了笑脸，一脸骄傲地说，"大灰狼向小红帽道歉，说自己做得不对，本来是想和小红帽交朋友的，结果却伤害了小红帽。"

"那小红帽相信他了吗？"妈妈又接着问。

"开始小红帽也不敢相信，但是，大灰狼每次都帮助小红帽打败其他欺负她的人，最终大灰狼赢得了小红帽的信任，最后他们真的成了一对好朋友。小红帽还把大灰狼领到了外祖母家吃饭呢，大灰狼吃得可香了！"

"呵呵，鹏鹏就是聪明！这样小红帽就和大灰狼和睦相处了吧？"妈妈把鹏鹏抱在怀里笑着说。

"嗯。交到好朋友很开心的。"鹏鹏笑着答道。

窗外月亮弯弯，窗内鹏鹏进入了甜甜的梦乡。

> 孩子对故事的结局如何往往会很关心，一旦孩子提出"然后呢""最后又怎样了"等问题时，家长要抓住这种机会，以故事接龙的方式或一问一答的方式来完成对经典故事的改编。本则故事中，妈妈就巧妙地抓住了这种时机，在非常愉悦的氛围里与孩子编创了一个好故事。

《卖火柴的小女孩》改编

> 《卖火柴的小女孩》是安徒生童话里一则非常经典的故事。家长平时有机会尽可能地把安徒生童话、格林童话、希腊神话、

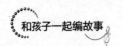

伊索寓言以及我国的神话、童话传说故事等拿来通读一下，这样对提高亲子编故事的能力将大有益处。

在一个寒冷的雪天，天快黑了。这是一年的最后一天——大年夜。在这又冷又黑的晚上，一个光着头赤着脚的小女孩在街上走着，一双小脚冻得红一块青一块的。她的旧围裙里兜着许多火柴。

小女孩又冷又饿，哆哆嗦嗦地向前走，她在一个墙角坐了下来，掏出围裙里的火柴向人们兜售。

一个男孩走过，他看了一眼小女孩，奇怪地问她："姐姐，你拿的是什么东西啊？是用来干什么的啊？"

"这是火柴啊！是用来引火的，可以点蜡烛的，然后屋子就亮了啊！"小女孩回答道。

"姐姐，现在都用电灯了。喏，你看！"说着，小男孩用手指了指不远处的楼房。

小女孩回头一看，是啊，现在家家户户都好亮啊，那光比烛光亮多了。

"不过，你的火柴好可爱。这样吧，你卖给我几根！"小男孩说着递上了钱。

小女孩卖给了小男孩几根火柴，就自己走回了家。晚上她再也睡不着了，她的心中一直萦绕着那暖暖的、亮亮的灯光。

后来，小女孩到一家知名的灯具公司上班了。她没有太多知识，就从最低级的清洁工做起，一边学习一边工作。

三年过去了，小女孩成为了那家灯具公司的副经理，她再也不用卖火柴了。这时的她不仅变得很漂亮，而且很有工作能力。小镇上的人们纷纷羡慕地谈论她，说她是成功女性。

其实只要肯学习，谁都可以这样成功的。

从卖火柴的小姑娘到灯具公司的副经理，可以充分领略到孩子的想象力是何等丰富。所以家长要对孩子身上所拥有的创造力、想象力深信不疑。平时要多给孩子编故事的机会，让孩子借助想象的翅膀飞得更高更远。

🌸 花草树木篇

🐚 美丽谦虚的月季花

我家的阳台简直是一个花的海洋，有夜来香、茉莉花、芙蓉花、月季花、芍药……

> 举出不同的花，这种带有重复性的自然韵律，深得孩子喜欢。家长也可以试着举出自己家里都有什么样的花。

其中我最喜欢的是那株月季花，因为它特别美丽、谦虚。

月季花的叶子是椭圆形的，边缘上还有很多小齿，好像一把把锯子。这些叶子的颜色不一，有的是**嫩绿的**，有的是**浅绿的**，有的是**深绿的**。

> 这里的颜色细分让孩子在色彩视觉方面有初步的认识。

不同的颜色代表了不同的生长时间。叶子有大有小，参差不齐，有的叶子还会垂下来呢，好像累了似的，要休息一下。

月季花开花很早，大概在五月就开花了。一朵朵粉色的花亭亭地立在枝头，在一片片绿色叶子的映衬下显得格外美丽。不时地，有蝴蝶和蜜蜂**飞**来，它们一会儿**停**在枝头，一会儿在叶子里**穿梭**，似乎正在和月季花**捉**迷藏。微风**吹**来，月季花迎风**摇曳**，花的清香便**盈满**了整个房间，令人心旷神怡。

> 在编故事中多呈现动词，符合学前孩子大多喜欢运动的行为表现，如捉迷藏等运动性游戏也是学前孩子比较偏好的。

听！在静悄悄的夜晚，阳台上开起了讨论会。

茉莉花首先开口了："我说啊，咱们这些花中最美的就是我了，你看人们不都称赞我'清丽脱俗'嘛！"

听到这句话，芙蓉花不服气了："光是外表长得好看有什么用，关键还是要有用处，大家可都知道我有清热解毒、消肿排脓、凉血止血的药用功效呢。"

"说到这药用功效，"芍药花微微一笑，挺了挺自己的枝干接着说，"谁不知道我的盛名啊！"

> 孩子们在一起玩耍时，常常觉得自己的东西是最好的，这种带有自夸的特点在6岁之前尤为明显，心理学上定义为"自我中心化阶段"。这个时期的孩子总是只从自己的角度考虑一切，他

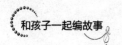

会想象每一样事物都与他自己的活动有关，会以自己为中心，而不懂得换位思考，不能看到他人的长处及优点。

夜来香、矮牵牛和天竺葵也加入了讨论的战团。只有月季花谦虚地听着大家的讨论，什么也没说，默默地散发出阵阵幽香。

我爱我家阳台上的月季花。

在这里提醒家长朋友，编故事时尽量要对每种花表示出喜爱，每朵花象征着每个与众不同且又惹人喜爱的孩子。家长要尊重每一个独一无二的孩子，善于发现孩子身上的独特优点。

🌀 紫丁香终于开花了

乘着暖暖的风儿，春姑娘回来了，大地上一片莺歌燕舞。

沉睡了一冬的小河伸了一个大大的懒腰，它一把就掀开了厚厚的冰雪棉被，把冰雪棉被随意地堆在了一旁，就急急忙忙地和春姑娘问候："春姑娘，你好啊！"

"你好！"春姑娘微笑着对它说。

花园里的花姐妹们也很快地苏醒过来，它们一起开心地装点着花园，花园顿时变得生机勃勃。看！迎春花开了！它的枝条弯弯地垂向了地面，它的花长在细细的枝条上，嫩嫩的，黄黄的，每根枝条上都长着许多花朵。它抬起头来对春姑娘说道："春姑娘，早！"

紫丁香没有开花，它低头看了看还没有发芽的身体，对自己说不着急。

白玉兰开了！它的花一簇簇地开在枝头，那么洁白，那么高贵，像一个个美丽的公主。它感激地对春姑娘说："谢谢你！我又变得这么美了！"

紫丁香还是没有开花，它心想，过不了几天，我也一定会这么漂亮的。

杜鹃花开了！它的花朵美丽极了，有红色的、粉红色的，一朵朵花就像一个个漏斗，又像是一个个小喇叭。它不好意思地对春姑娘说："我又起晚了。"

> 迎春花、白玉兰、杜鹃花与紫丁香来对比呈现，这种韵律尤为自然、亲切。这时家长也可以问孩子曾经看到过什么花，然后让孩子来选择以什么花作为故事里的角色，充分调动孩子编故事的积极性。

紫丁香依旧老样子，没有发芽，更别提开花了。这下，紫丁香也着急了，难道我不是春天的花吗？在幽静的花园里，紫丁香伤心地哭起来。

"紫丁香，你怎么了？怎么哭得这么伤心啊？"春姑娘关心地问。

紫丁香一看是春姑娘，哭得更悲伤了，它一边哭，一边对春姑娘说："我，我不是春天开的花！呜呜……"

"呵呵，别哭了，你抬起头来看看自己！"春姑娘好心地提醒道。

> 像这样带有情绪表达的情节，与孩子在一起编时，可以适当加入肢体语言，如用双手在眼睛前方比画一下，以表示哭泣等，

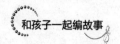

惟妙惟肖地表达出相应的情绪，把孩子的情绪融入相应的故事情节中。孩子在模仿中将学会如何表达情绪。

紫丁香慢慢地抬起头来，它打量了一下自己：老枝上开出了一朵朵紫色的小花，每朵花有四片花瓣，里面包着一根白色的花蕊，像一根精致的绣花针。

紫丁香开心地笑起来，它向大家喊道："看！我也开花了！我也是春天开的花！"

在编故事时，以大自然中生机勃勃的植物作为故事题材，可以使孩子在潜移默化中亲近与热爱美丽的大自然，从而培养孩子的自然观察能力，这一点在哈佛大学心理学教授加德纳的《多元智能》中有明显强调。

哭泣的玫瑰

小轩是个听话、聪明的好孩子。

昨天晚上，妈妈给他讲了《玫瑰公主》的故事，小轩听得津津有味。他多么希望自己也有一盆玫瑰花啊！

第二天，小轩对妈妈说："妈妈，我想要一盆玫瑰花！"

"好啊！不过你要自己照顾它啊！"妈妈说道。

"嗯,好的,妈妈你把玫瑰花交给我就放心吧!我一定会让它长得又大又美丽的。"小轩保证道。

> 做出言语方面的承诺,对孩子来说相当容易,很多时候孩子会不假思索地在家长面前做出承诺,当然,这种言语承诺在一定程度上会让孩子主动去完成相应的任务;但很多时候,事实往往是事与愿违,孩子说到的不一定能做到。于是下面这种故事情节就有了非常自然的呈现。

当天晚上,妈妈就买回了一盆盛开的玫瑰花。它的茎是碧绿的,带着小刺,在茎的顶端立着一朵娇艳的玫瑰花,红得像血,慢慢地舒张着。在微风吹拂中,玫瑰花左右摇晃,就像一个仙子在瑶池翩翩起舞,美丽极了。用鼻子轻轻闻一下,一股幽香涌进心田,真是舒服极了。

> 对玫瑰花从视觉、触觉、味觉等方面做了描述,加深了对玫瑰花的全面印象。

小轩开心得不得了,一直捧着玫瑰花,爱不释手。他把玫瑰花放在了阳台上,对它说:"玫瑰花,从今天起,你就是这里的一员了,要和月季、芍药、芦荟好好相处啊!我会好好照顾你的!"

玫瑰花摇了摇身子,好像点了点头。

一开始,小轩很积极地为玫瑰花浇水、施肥、除草,每天要看好几次玫瑰花。可是好景不长,小轩很快就没有耐心了,便不再坚持去照顾玫瑰

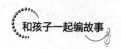

花。被冷落的玫瑰花慢慢凋谢了。

一天晚上，小轩到客厅喝水。他隐隐约约听到阳台上传来了几声哭泣。怎么回事啊？他慢慢走过去，原来是玫瑰花在哭。小轩看了一眼玫瑰花，几乎不敢相信自己的眼睛，只见它的花全都凋谢了，原本潮湿的泥土也变得很干了。

小轩走上前，对玫瑰花道歉道："对不起，玫瑰花，最近我都忘了来照顾你了。不过你放心，我今后一定不会再忘记的。"

"嗯，我相信你！"玫瑰花抬起头对小轩说。

自此，小轩又开始用心地照顾玫瑰花了。在他的悉心照顾下，玫瑰花又开出了美丽的鲜花，微风吹过，鲜花摇曳，仿佛在向小轩道谢。小轩也明白了，答应别人的事就一定要好好地去做。

小轩和玫瑰花成了好朋友。听，他们两个正在说悄悄话呢！

> 在编故事时，要设置一些曲折的情节，这样会更加吸引孩子的注意力。同时，在故事的结尾方面尽量呈现出积极、快乐、温馨的氛围，给孩子的心灵世界注入真、善、美等元素。

可爱的马蹄莲

> 每个孩子在成长的过程中，都非常渴望与同伴交往，并期待能与小伙伴们建立良好的关系。在交往的过程中，孩子不知如何

去应对交往中出现的各种困难与挑战，这则创编的小故事可以在这方面给予孩子一定的启发。

我是一株不起眼的马蹄莲，独自在主人家的阳台上沐浴着阳光，不知道哪一天家里又搬来了一个新邻居——鸢尾花，我心想，终于有人可以和我聊天了。于是，我主动和她打起了招呼：

"鸢尾花，欢迎你搬来和我一起住，以后咱们就是邻居啦！"

"谁愿意和你住在一起呀？你那么丑，站在我的旁边真是煞风景呢！"鸢尾花不满地说。

我并不介意她的态度，继续称赞道："你的花就像一只只蝴蝶飞舞在绿叶之间，还有那么多的颜色，红、橙、紫、蓝、白、黑……就像彩虹一样美丽呢！"

鸢尾花只是不屑地看了我一眼。

时间一天一天地过去了……

忽然有一天，小主人不小心烫伤了，主人来到我的面前对我说："马蹄莲，我的宝宝烫伤了，你能帮我吗？"

我毫不犹豫地点了点头，让主人取下我的一块茎，捣烂了敷在小主人的烫伤处。过了不久，小主人的烫伤就治好了。

鸢尾花惊讶地说："原来你还能治疗烫伤呢，真了不起！"

从此，我和鸢尾花成了好朋友。

当孩子与同伴交往时，若具有主动、乐观、勇于付出及善于发现他人的优点并及时给予赞美等优良品质时，就能够快速与同伴们

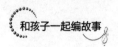

建立良好的关系，从而为孩子的快乐人生打下良好的基础。

花儿开会

　　家长朋友在与孩子编故事时，若能先编出一个好的题目，则可能意味着成功了一半。这个题目就足够吸引孩子的注意力，吊起孩子往下编的胃口。孩子们充满着期待与困惑，心里会情不自禁地想："花儿怎么开会啊？它们都能说什么啊？"

　　春天到了，公园里的花儿竞相开放了。红色的樱花，白色的玉兰，黄色的迎春，蓝色的瓜叶菊……到处都弥漫着花香。

　　一阵微风吹过，飘来了她们的窃窃私语声。

　　你听，迎春花率先开了腔：

　　"姐妹们，都醒醒啦！"

　　瓜叶菊睁开蒙眬的睡眼说："迎春花，你咋呼什么呢？"

　　"这么明媚的阳光，你怎么忍心睡觉呢？咱们大家讲讲自己最喜欢的动物吧！"

　　花儿们顿时来了精神，争先恐后地说出自己的想法。

　　白玉兰说："我最喜欢小花猫了，走路轻手轻脚的，生怕踩疼了我们。"

　　海棠花说："我最喜欢小猴子了，又聪明又灵巧，还能在树上荡秋千呢！"

蔷薇花也露出了笑脸："小狗不仅忠实可靠，在公园里玩的时候还把自己的便便解决到主人给它提供的塑料袋里，真是太可爱了！"

"我最喜欢梅花鹿……"

"我最喜欢袋鼠……"

气氛真是热烈极了，大家各有各的理由。

这时，牡丹不动声色地说道："我想，只有懂得文明礼貌，爱护他人，给人带来愉悦，才能够赢得别人更多的尊重，你们说对吗？"

花儿们都陷入了沉思……

> 在这则《花儿开会》的故事里，那些可爱的花朵就如同每位孩子一样，用花来比喻孩子显得非常贴切与自然。故事是用一种以"说出自己最爱的……"为主题的游戏活动方式呈现，如同在幼儿园里老师带领小朋友们做游戏。家长编创的这种能够非常贴近孩子生活的故事，往往会深受孩子喜欢。

小草不哭泣

小明是一个好奇宝宝，他看到什么不认识的东西都想弄明白，看到什么好玩的东西都会仔细地观察。

> 好奇是每个孩子的天性，几乎所有孩子都可能会对自己本身及周

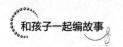

遭世界充满好奇。假如家长本身也有相似特点，就会相对容易拉近与自己孩子的距离。所以在编故事时，家长如果能对孩子有所了解，因孩子不同而编不同的故事，编故事的活动就能发挥较好的效果。

一天，小明和奶奶去公园玩。天空瓦蓝瓦蓝的，像一面蓝色的大镜子。一朵朵白白的云彩飘在天空上，就像刚才奶奶买来给他吃的棉花糖。小明开心极了，拉着奶奶的手在公园里又蹦又跳，像只小兔子。

不一会儿，奶奶就累了。小明让奶奶坐在凳子上休息，而他自己不知疲惫地去看旁边的花草了。花儿娇艳，草儿翠绿，可爱极了。在清风的吹拂下，它们摇着脑袋，好像在唱歌，又好像在聊天。几只蝴蝶飞了过来，它们像几片黄花一样在花丛里、草丛里飞上飞下，就像一幅美丽的图画。

用美丽的画面呈现故事内容，符合儿童的形象化思维，从而在孩子的内心营造出鲜活的画面感，显得真实与贴切！

小明看得目不转睛。那些草好柔软啊，他真想摸一下。于是，他便伸手摘下了一片叶子。他低下了头，专心研究那片草叶。突然，他隐隐约约地听到了几声哭泣。咦！谁在哭啊？他左看看右瞅瞅，没人啊。可是那哭声又传来了，他仔细一听，原来是小草在哭泣。一边的小花也一脸忧愁地看着它。

孩子会赋予自然世界诸多想象，花草树木等，对孩子来说都是有生命的。它们可以跟孩子共呼吸、同感受，快乐着彼此的快乐，悲伤着彼此的悲伤。

小草一边哭一边说："好疼啊！我的身体又被劈开了，我都疼死了！"

听到这里，小明惭愧地道歉道："对不起，我不该因为好奇就伤害你！"

"没事，以后不要这样做就好了。我们小草长得很快的，不过希望别人不要像你一样摘我们了。"小草担忧地说道。

"有了！"小明飞快地跑回家。不一会儿，他便拿来了一块做好的小木牌，木牌上写着："手下请留情，小草不哭泣。"他把木牌放在小草身边，小草高兴地笑了。

微风吹过，小草唱起了歌，小花跳起了舞，公园里一片欢声笑语。

长凳上的奶奶也慈祥地笑了。

故事里有起伏的情节，从小草的哭到小草的笑以及大家的笑，增添了故事的张力，而最后的结局也呈现出温馨、快乐的画面。

骄傲的小白杨

清凌凌的小河边长着三棵小树：一棵是白杨，一棵是桃树，一棵是柳树。它们三个是无话不谈的好朋友。可是，它们过去可不是这样，它们之间建立这样深厚的友谊还有一段曲折的故事呢。

　　开篇时简明扼要，三棵不同的树来代表三位不同的朋友，孩子之间也常常因脾气、禀性、长相、观点不同而产生分歧、争吵现象。家长在此处编故事时，针对大龄孩子可以适当地设置一些问题，如它们当初可能存在哪些曲折的故事呢？后来它们又是如何解决的？如果孩子提出了完全不同于家长已有的内容，则完全可以按照孩子的思路往下编。

　　小白杨长得可漂亮了。它有着高高的、挺拔的身躯，头发顺顺的，迎着微风轻轻摆动。它还穿着一条好看的裙子呢，上面的大眼睛一眨一眨的，好像在说话。春天一到，它还会戴上一串串美丽的头花呢。

　　一天，天气晴朗，和煦的春风吹拂着大地。小白杨轻轻地摇晃着脑袋，和着春风唱起了动听的歌。悦耳的歌声一点儿一点儿地弥漫开来，是那样迷人。

　　小桃树被歌声深深地吸引了，它对小白杨由衷地赞扬道："小白杨姐姐，您的歌声真动听，咱们交个朋友吧！"小白杨听了，骄傲地昂起了头，一脸不耐烦地说："去，去，去，你这个笨东西，个子那么矮，连歌都不会唱，只会开个小花，我才不愿跟你交朋友。"边说边漫不经心地将脸扭到了一边。小桃树听了，不高兴地走开了。

　　小白杨往前走去，迎面碰见了小柳树。小柳树看见了，嘻嘻一笑："小白杨姐姐，你打扮得真漂亮，头上的头花真美丽，我想和你交个朋友，好吗？"小白杨听了，得意扬扬地说："'丑柳树'，我才不跟你交朋友。"小柳树听了，生气地走开了。

后来，小桃树碰见了小柳树，它伸出手来对它说："我们交个朋友吧！"小柳树听了，高兴地回答道："好，好，咱俩在一起做朋友！"它俩高兴地在河边玩耍起来，愉快极了。

过了没几天，小白杨再也唱不出动听的歌曲了，它头上美丽的头花也开始不停地掉下来。原来是有虫子了，小白杨急坏了，可是它的嗓子已经哑掉了，根本喊不来啄木鸟大夫。

它只能用低低的声音喊："救命啊！救命啊！"小桃树和小柳树听见呼救声，跑来一看，原来是小白杨姐姐。"小白杨姐姐，你是不是生病了，别着急，我们帮你喊啄木鸟医生过来。"在小桃树和小柳树的呼喊下，啄木鸟医生很快就过来了，它帮小白杨把病治好了。小白杨低着头，红着脸喃喃地说："小柳树弟弟、小桃树妹妹，以前是我不对，我们能做朋友吗？"小柳树和小桃树对视了一眼，偷偷地笑了。

> 让啄木鸟医生帮助小白杨树治病，非常恰当。因为树上长虫，用尖嘴的啄木鸟来当医生，更加适合这个角色。所以，找到一个恰当的隐喻角色会使故事大增异彩。

从此，小白杨再也不骄傲了。小白杨、小桃树和小柳树成了知心的朋友。

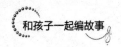 桥和树，做邻居

小河上有一座桥。桥边长着一棵树。

这座桥可漂亮了！远远望去好像一条白丝带。栏板上还雕着精美的图案呢。因为它坚固美观，村民们都夸奖它。于是，它变得骄傲起来。

有一天，它对身边的树说："丑东西，不要在这里挡着我的身体，你看人们看我时多么费力啊！"

树很无奈，只好往旁边挪了一点儿。

过了一会儿，桥又冲着树喊起来："喂，丑东西，你挡住云了，白云看不到我怎么办！"

树委屈极了，但还是往旁边移了一段。

就这样，树离桥越来越远了。桥开心极了，因为这样无论人们在哪里，都可以看到它美丽的身姿。

日子过得很快，夏天很快就来了。一连半个月，暴雨就没有停。

一开始，桥还很开心，因为这样它的影子倒映在小河里就会更美了。可是，后来它发现小河的水太多了，它都快承受不住了。

一天晚上，桥就快被冲垮了。它大哭着请求村民的帮忙。但是夜太深了，人们都在熟睡，雷声淹没了它的呼喊，没有一个村民赶过来帮它。

就在这个时候，树来了，它来到桥的身边，拉住了桥岌岌可危的身体。它一边用力地拉着，一边大声喊："大家快来啊！帮帮桥啊，它就快塌了！"

小兔来了，小狗来了，含羞草来了，月季来了，丁香来了……

> 这里家长也可以根据孩子的喜好不同呈现出不同的事物，让孩子自己编一编其他事物，充分调动孩子的发散性思维。如在《拔萝卜》故事中一样，有明显叠加效果。

大家一起帮忙，桥很快就稳固了。

第二天，阴霾了半个月的天空终于放晴了。

桥去找树了，它感激地说："树，这次真的谢谢你了！我以前做得不好，你能回来吗？咱们做好朋友吧，你说好不好？""当然好了！"树开心地握住桥的手。

听说后来还是桥帮树搬的家呢。它们开心地做了邻居。

> 这个故事的道理很简单，却很有实用价值。让孩子通过故事的方式明白，谁也不要以为自己有某些能耐就可以轻易排斥与自己不一样的个体存在，在困难时他们是自己不可或缺的一部分。人与人之间要学会接纳异己，和平共处，互相帮助，这样会有良好的同伴关系存在，而优质、良好同伴关系的存在对孩子的身心健康发展非常有益处。

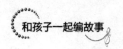

🐌 小松树卖雪花

> 在编故事前，如果能够想到一个非常吸引人的题目，有时就能为成功编创这个故事打下良好的基础。家长朋友若看到"小松树卖雪花"这个题目，没准儿就会浮想联翩，像孩子一样对故事内容充满了很多好奇和期待。所以，在编故事时，要对题目做一个全盘的考虑，尽量做到鲜明、新颖、有吸引力。

随着时代的发展，技术的进步，森林里的小动物也步入了现代社会。瞧！林荫道两边是林立的店铺，有服装店、百货超市、洗浴中心……数不清的服务涌现出来，小动物的生活日益变得丰富多彩。

小松树在街道上一边走，一边笑，心想我们松树集团的发展真的是好啊！到目前为止，松树集团已经涉足了影视界、生活百货和旅游业，领域十分宽广。可是我们的小松树总裁并不满足现状，他积极开拓新事业，希望松树家族的事业得到更大的发展。

小松树正在走着，突然听到一边的小刺猬宝宝向刺猬妈妈哭喊着："妈妈，妈妈，我都没有见过雪花，小狗、小鸭、小鸡、小兔他们都见过，我也想见见嘛。"

"可是，那雪花只有冬天才有，我们见不到的。"刺猬妈妈遗憾地说。

冬天！小松树的眼前一亮：现在都流行换季销售，如果我把雪花培育出来，在夏天拿出来卖的话，说不定能赚一笔呢。想到这里，他走向刺猬母子。

"您好！我是松树集团的总裁，刚刚无意中听到了你们的谈话，我想也许可以帮您的孩子实现心愿的，不如我们互留个联系方式，等到可以让小刺猬看到雪花的时候，我再和您联系。"小松树彬彬有礼地对刺猬妈妈说道。

"原来是大名鼎鼎的松树总裁啊，谢谢您，希望您能快点儿成功，这个孩子都闹了我一个月了。"刺猬妈妈对小松树感激地说道。

> 在这则故事中可以穿插角色扮演，让孩子在小松树、刺猬宝宝、刺猬妈妈中选择一个角色来进行对话表演，让故事里的角色活灵活现在孩子与家人身上呈现。如在我家时，女儿往往会选择刺猬宝宝，妻子选择刺猬妈妈，而小松树总裁非我莫属，用演话剧的方式呈现故事内容。这种方式不仅促进了亲子沟通，还营造出温馨、祥和的家庭氛围。

小松树来到公司，召开了新产品——雪花的开发项目会议。公司很快就和冬爷爷签订了雪花种子的供应订单。不久，冬爷爷把种子邮寄过来了，松树集团的研究人员小心翼翼地拆开。呀！里面真的躺着一颗颗晶莹的雪花种子。他们高兴极了，连忙按冬爷爷的要求，把种子埋进了公司后院水池边的小树下。他们密切地关注着种子的情况，又欢喜又担心地想：种子能长大吗？

春天过去了，夏天也接近了尾声，雪花种子终于发芽了，那棵水池边的小树变成了银白色，毛茸茸、亮晶晶的，上面都是雪花。

松树总裁给刺猬妈妈打了电话，小刺猬高高兴兴地来看雪花。他太喜欢雪花了，玩得不亦乐乎。松树总裁提出希望小刺猬当夏天雪花的形象大

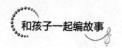

使，小刺猬开心地答应了。

于是，第二天电视上就播放了下面的广告：一个烈日炎炎的夏日，小刺猬在雪地里玩耍，它笑得那么开心……

看到广告，小狗熊来了，青蛙来了，荷花来了……松树集团的雪花销售一空。看着丰收的业绩，小松树总裁由衷地笑了起来。

蒲公英的游历

> 在每个孩子的内心深处，都有可能涌动着一份期待与深切的渴望，就是希望自己能够快快长大，全身心地去感受外面的世界，探索大自然中蕴藏着的奥秘。这时，家长就可以和孩子编一个如《蒲公英的游历》的故事，满足孩子的内心期待，通过孩子自己的语言释放压抑的情绪，让孩子在想象的空间里尽情飞翔。

花儿从出生以来，就一直待在公园里，从来都没有看到过外面的世界。于是，她央求风婆婆带她到其他地方去看看。花儿被风婆婆吹得飘啊飘，飘到屋顶上。瓦片问："你是谁？你是从哪里来的？到这里来干什么？你要干什么？你的妈妈呢？你的妈妈是谁？"

花儿摇了摇头说："我叫花儿，我从公园里来，是风把我带来的，我妈妈是一朵蒲公英！"瓦片和花儿聊了一晚上。第二天一早，花儿就走了。

花儿飘啊飘，飘到天空中。白云问："你叫什么？谁带你来的？你要干什么？为什么要到这里来？"

花儿回答："我叫花儿，是风把我吹来的，我想在这儿休息一会儿，好吗？"

"好啊，我这里从来没来过客人！"白云亲切地说。花儿休息了一个晚上，第二天早上，二话没说就走了。

花儿飘啊飘，飘到大山上。大山说："小孩子别乱跑，你妈妈会担心的！"

花儿回答："是风婆婆带我来的！""孩子，你的家在哪儿啊？"大树伯伯问。"呼呼呼"，花儿还没来得及回答，就又被吹走了。

小小的花儿不想再这样一直漂泊了，她在大风里挣扎。风终于停了。风把她吹到了小溪边，花儿在这里扎下了根，她的根在水边的泥土里泡了很久。慢慢地，花儿适应了水边的环境，长成了一株美丽的蒲公英。

瓦片、白云、大树都问了花儿一些相似的问题。如"你是谁？你是从哪里来的？到这里来干什么？你要干什么？你的妈妈呢？你的妈妈是谁？""你叫什么？谁带你来的？你要干什么？为什么要到这里来？""孩子，你的家在哪儿啊？"而花儿也作了相应的回答。这种重复性的情节带有自然的韵律，如同家长与孩子在一问一答地完成了故事编撰。如果这时刚好处于孩子睡觉前，这种重复性的韵律会帮助孩子调整呼吸并辅助孩子入睡。编一个好故事，伴孩子进入甜美的梦乡。

可爱动物篇

美丽的陷阱

一天清晨，天气格外晴朗。虎妈妈系上围裙，挎上篮子，带上小老虎兴高采烈地去森林里采蘑菇。

一路上，小老虎蹦蹦跳跳的，一会儿捉蜻蜓，一会儿抓蝴蝶，嘴里还不停地叫着："呵呵，真好玩！真好玩！"害得虎妈妈不停地提醒它："宝贝，小心，要小心！"

不知不觉，他们来到了森林深处。突然，小老虎看见前面树底下躺着一大块牛肉，诱人极了！小老虎睁着大大的眼睛，情不自禁地喊道："哇，我从来没有见过这么大这么香的牛肉呀！"说着便迫不及待地跑了过去，伸手就要拿。

"别拿，这牛肉吃不得！"虎妈妈连忙摇摇手阻止它。

"为什么？"小老虎歪着头，迷惑不解地问妈妈。

> 这几段在细节方面描写非常精彩，既有动作的准确描述，又有言语上惟妙惟肖的对白，把小孩子的活泼、好动、可爱、天真无邪、对外物好奇等充分反映出来。我想，作为家长看到这种描写，也会情不自禁地和自己家中的小淘气做连接。

"孩子，你不知道，这块牛肉看起来又大又香，可它下面是个大坑。那个坑可深了，咱们只要掉进去就逃不出来了，只能让猎人抓走。"虎妈妈郑重其事地说，"前天我还在报纸上看到，一只小白虎因为不小心拿了那块牛肉被抓走了。报纸上还提醒我们要提高警惕呢！"

听了妈妈的话，小老虎吓得吐了吐舌头，赶紧缩回手，叹了口气说："哎，真没想到，这又大又香的牛肉还是一个陷阱呢！""是啊，生活中有好多东西，看起来外表漂亮，可不一定对我们有好处，一定要看清美丽的东西背后是不是有陷阱啊！"虎妈妈摸着小老虎的头，语重心长地说。"哦，我懂了！"小老虎使劲儿地点了点头。

> 初生牛犊不怕虎，对孩子来说，在成长过程中，会碰到各种人、事、物，他们不可能一开始就会辨别真假。于是，家长可以借用编故事来告诉孩子相关的注意点，以免孩子因为经验不具备而受到种种伤害。

中午，小老虎和虎妈妈采了一大筐软软的蘑菇，高高兴兴地满载而归。

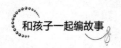

任性的鸭宝宝

小山村里住着鸭子一家，鸭爸爸、鸭妈妈，还有鸭宝宝。

一天，鸭宝宝对鸭妈妈说："妈妈，妈妈，我长大了，能干很多事了，我帮您搓澡。"鸭妈妈高兴地说："好。我给你拿毛巾过来，不然你一会儿就会累坏的。""不用不用，我很快就会弄好的。"

鸭宝宝没有听鸭妈妈的话，兴冲冲地帮鸭妈妈搓起澡来，搓呀搓呀，搓了不到五分钟就大叫着不行了，一屁股坐在地上爬不起来了。

第二天，鸭宝宝跑到鸭爸爸那里，对鸭爸爸说："爸爸，爸爸，我长大了，我帮您浇地吧。"鸭爸爸高兴地说："好啊。不要急着浇地，要看好了水管，还要防止跑水，这样才能浇得快，又节省水。"不等鸭爸爸说完，鸭宝宝就大声叫着："知道了，知道了，爸爸看我的吧。"

鸭宝宝把水管往地上一放，高兴地大喊了一声："呵呵，浇地喽！"随即滑到水里玩了起来。

等它玩够了，爬上田埂的时候，看到爸爸正拿着铁锹忙着什么，这才发现原来跑水了。这时它才想起鸭爸爸说的："不要急着浇地，要看好了水管，还要防止跑水……"可是自己只图痛快，没有留意。它又想起昨天给鸭妈妈帮忙，也是不听鸭妈妈的告诫，结果累得跌坐在地上。

鸭宝宝羞愧得满脸通红，急忙上前帮助鸭爸爸，不好意思地说："爸爸，我错了，我现在知道了，做任何事情一定要戒骄戒躁，不能任性，不然就会一事无成。""虽然水跑了很多，但你因此明白这个道理，值！"鸭爸爸拍着鸭宝宝的肩膀，不但不生气，反而高兴地伸出大拇指表扬了鸭宝宝。

很快，鸭宝宝学会了许多本领。

> 逐渐成长的孩子跟故事中的鸭宝宝是何等相似，什么事情都想自己做，可是又做得不尽如人意，这其实是非常正常的现象。从心理学角度来看，每个孩子都是在不断"尝试错误"中顺利成长的。这时，作为家长要耐心地面对孩子成长过程中出现的各种情况，不要"越俎代庖"，而要尽量让孩子自己去完成自己的事情。同时，在这个过程中，要多给孩子鼓励，并给予正向的引导。

小蚊子报恩

> 在幼儿园或者在学校，孩子们肯定会碰到一些困难和挫折，这时需要大家互相帮助，别人对自己的帮助要记住，有一天要用行动来报答。我的女儿进入学校上小学后，我给女儿编了类似的故事，期待女儿在学校里与同学建立纯真的友情，多帮老师做一点儿力所能及的事，以此来报答老师的教育之恩。女儿表现得非常棒，身为中队长的她，常常在放学、下课后帮老师做值日。作为家长，我非常支持女儿的这种行为。

有一只小小的蚊子被困在了墙角的蜘蛛网上。凶狠的大蜘蛛一步一步地向它逼近。它大声地喊："救命！救命……"大蜘蛛爬得太快了，还差几步就到蚊子的跟前了。蚊子把眼一闭，心想这下完了。就在这节骨眼儿上，旁边的黄牛看到了，它赶紧用尾巴打破了蜘蛛网，对着小蚊子大声地说："快跑！"小蚊子靠着这点时间挣脱了蜘蛛网，逃离了蜘蛛的大口。它感激得不停地向黄牛道谢："谢谢你，要不是你，我早就被吃了。以后，我一定会报答你的。"

"哈哈，不用谢！"黄牛爽朗地大笑道。它不信这么小的蚊子可以帮到自己。

> 家长在编故事到此处时，可以暂停一下，把问题先亮出来，黄牛不信这么小的蚊子可以帮到自己，可确实在黄牛处于危险的时候，蚊子施救才化险为夷，可以问孩子蚊子是怎么做到的。要相信孩子，让孩子充分发挥他的想象力。

后来，在黄牛休息的时候，一只凶猛的狮子从背后袭击了它。黄牛和狮子斗了起来。不过它们的力量太悬殊了，不一会儿黄牛就落在了下风。在狮子正要张开大口咬黄牛那一刻，小蚊子鼓起勇气叮在了狮子的鼻子上。狮子气得用爪子去抓鼻子，可是小蚊子灵活地跳上跳下，狮子把鼻子都抓出血了，还是没有抓到小蚊子。

趁着狮子抓小蚊子的时机，黄牛成功地逃脱了。

过了一会儿，黄牛又跑了回来，它对小蚊子说："谢谢你，小蚊子，要不是你的话，我刚才就没命了。"

小蚊子说道："不用谢，你上次还帮我脱险了呢。我们的友谊，是互相帮助才得到的，我们是好朋友。"

从此，小蚊子和黄牛成了很好很好的朋友。

> 这则故事的意义在于让孩子学会感恩，在困难的时候得到他人的帮助要懂得感恩，别人遇到困难或危险时同样给予帮助，从而把感恩的对象扩大到父母、老师、同学及其他。

动物环保讨论会

一个幽静的晚上，在美丽的大森林深处，动物们正在召开一个环保讨论会。

> 既然是讨论会，要想把环保意识深入到孩子的内心世界，不妨采用角色扮演的方式来与孩子一起编出这种故事。这样会大大激起孩子参与的积极性，让孩子对环保的重要性及价值有更深入的理解。在表演时，家长和孩子都要声情并茂，尽量把自己作为环境污染的受害者所受到的伤害惟妙惟肖地表现出来。

作为动物公选的主席，老虎清了清嗓子，首先发言道："森林里的公民们，我是动物主席。现在，咱们大森林里的垃圾越来越多了，这已经威胁到了我们的日常生活。我作为主席，希望大家可以集思广益，找到解决问题的办法。"

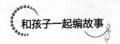

森林里的动物们交头接耳，讨论得很激烈，各抒己见。

猴子气愤地站了起来，它的脸涨得红红的，对着动物们说道："主席说得太对了！大家不知道，那些可恶的人类把塑料袋乱扔，有的居然挂在了树枝上。那次有一只小猴子不知道塑料袋的危害，要不是被我及时阻止，就把那个塑料袋吞到肚子里了，这多危险啊！"

"是啊！是啊！"小金鱼赞同地点点头，接着说，"不光是塑料袋，有时人类还把一些农药残液排放到河水里。那次差点儿让我们家族都死光呢。"说着，小金鱼流下了泪水。

小白兔也忍不住了，它的眼睛红红的，抢着说："这算什么，你们看看我们。就是因为我们可爱，人类总喜欢把我们抓到家里喂养，他们给我们吃有农药残留的粮食，给我们喝细菌超标的水。就算我们的眼睛哭瞎了，人类都不放过我们。"它一边说，一边流下了眼泪。

大灰狼、狐狸、长颈鹿、孔雀、白天鹅……也都说了自己面临的困境，它们异口同声地指责人类破坏环境的恶劣行为。

在环保讨论会的最后，动物们达成了一项请求人类保护环境的宣言，上面写着：大自然是我们共同的家，让我们一起保护它！

　　地球是人类共同的家园，保护地球环境是每个人的责任与应尽的义务。让孩子从小就树立良好的环保意识，是家长教育的内容之一。可是这种深奥的道理仅凭大人用嘴巴来告诉孩子往往是没有用的，而应让孩子去体验，在感觉中领会，而编故事的方法就能达到良好的教育效果。

松鼠的花纹从哪儿来

很久很久以前，

> 编故事的常用方式，往往会以"很久很久以前或从前"等开始，在幼童的世界里，那些童话故事是一种真实的存在，只不过离现在的生活太远了而已。

松鼠可没有现在这样美丽。它的尾巴短短的，像现在的兔子一样；耳朵小小的，就像现在的鸡的耳朵一样，好像没有耳朵；爪子就更小了，蜷缩成了两个针一样的东西；身上只有一色灰灰的毛，没有一点儿光泽。

那时候的兔子，还有着长长的尾巴。

那时候的蛇，还有着可爱的耳朵。

那时候的蜗牛，还有着有力的爪子。

那时候的野猪，还有着美丽的三道花纹。

> 家长在编故事时，可以继续对孩子做相应的引导，如那时候的鸟，那时候的鸡，等等，让孩子做出相应的回答。

有一天，一只小燕子不小心从树上掉了下来，它大喊救命。

兔子藏在尾巴下，蛇藏在草丛中，蜗牛藏在房子里，野猪藏在树林里，只有松鼠飞快地跑过去，在小燕子摔在地上之前接住了它。小燕子得

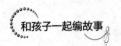

救了！松鼠开心地笑了。

这一幕恰好被路过的天使看到了。天使对兔子、蛇、蜗牛和野猪的做法很生气，对松鼠的行为很赞扬。于是，它决定奖励松鼠，同时惩罚自私的兔子、蛇、蜗牛和野猪。

天使收回了那些动物引以为豪的身体部分，于是兔子少了尾巴，蛇少了耳朵，蜗牛少了脚，而野猪少了三道花纹。这些东西都到哪里去了呢？它们都被奖励给了松鼠。

从此，松鼠就变成了森林里最美丽的小动物。

小乌龟上学啦

对于孩子从家到幼儿园的环境转变，从孩子的角度来看，会较容易出现"分离焦虑"。家长朋友要做好各种准备工作，如在心理上要尽量消除孩子对陌生小朋友及陌生环境的不熟悉感，如提前参加幼儿园开展的亲子活动课，提前带孩子参观幼儿园。同时，要根据孩子不同的气质类型，通过编故事的方式让孩子去面对与感知在与小朋友互动时可能会出现的各种现象或问题。

时间过得可真快，小乌龟已经快要满三周岁了，龟妈妈给小乌龟准备了书包、文具盒等学习用品，送小乌龟去上学。

小乌龟来到幼儿园，他发现这里的人一个都不认识，害怕地把头、手和脚通通缩进乌龟壳里。

小猴子跳过来。"咦？这是什么东西呢？"小猴子跳上乌龟壳，左边拍一下，右边拍一下，太好玩了！

小花猫轻轻地走过来。"咦？这是什么东西呢？"他用自己的指甲在乌龟壳上敲啊敲，边敲边发出"喵喵喵"的声音。

两只小鸡走过来。"咦？这是什么东西呢？"他们一起在乌龟壳上画画，还在上面找小虫子，太好玩了！

小乌龟觉得大家都在欺负他，忍不住大哭大叫起来。小猴子、小花猫和小鸡都吓了一跳："啊！他会动，还会说话呀！"

后来，小猴子、小花猫、小鸡、小乌龟成了好朋友，每天一起做游戏。

> 故事的结局，尽量以快乐、美满的结局为主要特色，不仅符合孩子内心的需要，同时对孩子的良好行为建立起着积极的暗示作用。如这则故事所提示的，虽然小乌龟刚入园受到了不如意的对待，但最终都成了好朋友。于是，孩子就可能愿意且快乐地上幼儿园了。当然，对要上小学的孩子也有一定的启发意义。

小獭兔请客

> 假如孩子已听过父母讲《小熊请客》的故事，这时，父母说要跟孩子一起编《小獭兔请客》，那么很有可能会大大激发孩子

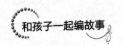
强烈的好奇心，对这个要编的故事充满期待，能充分让孩子投入，激发孩子的想象力。

这天闲来无事，小獭兔忽然想起已经很久没见到好朋友们了，而且有的朋友彼此之间还不认识呢。于是小獭兔想，不如我请大家一起聚餐吧。

说干就干。小獭兔喊来鸽子，让鸽子帮忙去送信："明天晚上小獭兔要请客，大家不见不散啊！"

第二天，大家如约前来，有胖嘟嘟的小猪，有漂亮的梅花鹿，还有长着长长的鼻子的小象，走路一摇一摆的小鸭子……小獭兔的家都快成动物乐园啦。

善于观察的小白兔第一个发现了问题："小獭兔，你家的座位怎么形状和大小都不一样呀？"

编到此处，可稍作停留，让孩子作些思考并给出答案，无论孩子说出什么答案，家长均要给予及时鼓励。

小獭兔说："我的朋友有的高大，有的矮小，如果座位都一样高，个子矮的说不定就不方便够到桌子上的食物了。"

小白兔又惊讶地说道："你准备的食物好丰富啊，怎么这么多品种呢？"

同理，编到此处，可稍作停留，让孩子作些思考并给出答案，无论孩子说出什么答案，家长均要给予及时鼓励。

小獭兔回答道："大家有的喜欢吃青草，有的喜欢吃肉，我按照大家不同的饮食习惯给大家准备的啊！"

小白兔不禁赞叹起来："小獭兔，你想得可真周到呀！"

小獭兔根据大家的高矮胖瘦给安排了合适的座位，你瞧，它给梅花鹿和小绵羊准备的是鲜美的青草蛋糕，给小花猫准备了刚刚煮好的鱼汤，还给小狗准备了大骨头呢……小獭兔记住了每种动物最喜欢吃的食物，真是个细心的主人哟！

这则故事编完后，家长可以继续跟自己的孩子作以下这番沟通："假如你就是小獭兔，明天也要请客，请到一些比你大与比你小的各种朋友，你会如何做呢？"通过孩子的回答，了解孩子是否做到了学习上的正迁移。

小熊生病了

在秋冬季节，有些孩子不愿意被裹得紧紧的，这样会影响孩子在外面轻快地玩耍，于是，孩子总是挣扎着要脱掉各种衣物与帽子等，这样就容易让孩子出现感冒症状。这时，家长与其苦口婆心地对孩子进行一番说教，不如和孩子一起编个类似的故事，达到同样的教育目的。

早上的天气可真冷啊，小熊早早地就起来晨练了，可是因为出来得匆忙，小熊竟然忘记了戴上妈妈前几天给他买的新帽子。

晨练完之后小熊急急忙忙地赶回家去，可是却感觉有些头疼，鼻涕也不听话地流了下来，小熊心想：都怪我太粗心了，可能是感冒了吧。那我今天就不出去玩了，在家休息一下。

小伙伴们在一起快乐地玩了大半天，大家都很奇怪小熊今天怎么没出来玩呢，于是决定一起去看望他。

"咚咚咚……"小熊听到有人敲门，打开门一看，原来是小伙伴们来了。大家一见昨天还好好的小熊，今天这么没精神，忙关切地问道："小熊，你怎么了？我们带你去看医生吧。"小熊沮丧极了："我晨练的时候忘记带帽子了，有些着凉。"

在大家的劝说和陪同下，小熊来到了羊医生开的诊所。羊医生听了小熊的介绍，又给他号了号脉，说："你是受了风寒，我给你开几服药，你按时吃了就没事了。"小熊向羊医生道了谢，大家又把小熊送回了家。小熊感动得眼眶都湿润了，有点儿不好意思地说："以前我还欺负过小狗呢，想不到你们对我这么好，我以后肯定会和大家友好相处的。"

小狗大方地说："过去的事情就别提了，我们都很喜欢你，大家是好朋友，互相帮助是应该的啊！"

> 孩子的世界如同童话世界一般，所有的动物都能用语言表达它们的各种想法，孩子用各种动物来表达孩子内心的声音，显得惟妙惟肖，童趣横生。

🐰 小白兔学本领

美国哈佛大学心理学教授加德纳在《多元智能》这本书中提到了孩子身上的八大智能：语言、数学逻辑、音乐旋律、自然观察、身体运动、视觉空间、人际沟通、自我省察等。只是具体到每个孩子身上，其优势智能往往不一样。所以，作为家长，要充分了解自己的孩子身上所具有的优势智能或特长，这样在给孩子报兴趣班时就有了相应的参考与指导价值，而这对孩子的身心成长也非常有益处。"家长做到明明白白育儿，孩子才能快乐幸福一生。"

小白兔长大了，妈妈对他说："你已经是大孩子了，要学会一些本领才能在森林里立足啊。"于是兔妈妈给了小白兔一些钱，让他自己出去拜师学本领。

在《三只小猪》故事的开篇，猪妈妈也说了类似的话，家长在编故事时，可以对一些经典故事经过适当改编后为自己所用，让孩子很快就能在熟悉的内容里找到共鸣点。

小白兔首先找到了大象："大象伯伯，我听说你是森林里的举重冠军，你能教我吗？"大象很爽快地答应了，可是不管小白兔怎么努力，他也只能举起比较轻的物体，无法像大象那样轻松地就把一根柱子给举起

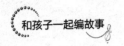
来。小白兔垂头丧气地走了。

走着走着，小白兔看到孔雀正在跳舞，那舞姿真是美妙极了，小白兔称赞道："孔雀阿姨，您的舞姿真是太迷人了，你能教我吗？"孔雀答应了。小白兔开始苦练基本功，一天又一天过去了，由于小白兔的腿太短，他的舞姿看起来总是有些笨拙，不像孔雀那样轻盈。小白兔感觉很失落，和孔雀阿姨告别了。

小白兔一个人在森林里漫无目的地走着，一不小心撞到了小马的腿上，小马见小白兔满脸泪水，忙仔细询问了情况。小马对小白兔说："学本领不仅要能吃苦，还要根据实际情况去学。我觉得你是学跑步的好材料，不如我来教你吧。"小白兔便跟着小马学跑步，不管刮风、下雨、下雪，他都坚持勤奋练习，经过艰苦的努力，小白兔终于成为了一名跑步能手。

这则故事中的一句话，"学本领不仅要能吃苦，还要根据实际情况去学"，给家长的提示是在培养孩子的能力时，要尽量尊重孩子的独特性，即要从孩子身上的特长出发；同时也要让孩子明白不断努力与付出的重要性。

老虎和马蜂的战争

一般来说，有个淘气、"惹是生非"的男孩子，在很多家庭中常常可以见到。往往在这一类孩子身上同时存在着可爱、顽皮、高智商、高运动能量等特点，家长在了解孩子的特性后，如这则故事中用老虎、马蜂来替代孩子，就能充分调动孩子一起编故事的热情。家长可以继续围绕着同样的题材展开，这样有时候也会大大激发孩子的兴趣，跟孩子来个创意大比拼，符合孩子喜欢带有竞争性的游戏特征。家长也千万不要低估孩子的创造力。

老虎是"百兽之王"，人人敬而远之，见到老虎总是远远地就躲开了。老虎也不客气，更加有恃无恐起来。整天东游西逛，心情好的时候吓唬吓唬出来觅食的其他小动物，追得他们四处乱跑，惊恐不已，老虎则哈哈大笑起来。

有一天老虎在森林中闲逛，好像在思索着什么，一不小心把马蜂窝给撞坏了，还摔坏了许多马蜂宝宝，这下可把马蜂给激怒了，"嗡"的一声，就把百兽之王的老虎围了起来。

"赔我们的宝宝和房子。"

一向蛮横的老虎毫不愧疚："反了你们啦，我老虎的字典里从来就没有'赔偿'两个字！"

"你别以为自己了不起，今天看我们马蜂怎么教训你！"

马蜂说完，便用腹部的毒刺朝老虎的身上这儿蜇一下，那儿蜇一下。

"赔我的家！"

"赔我的宝宝！"

老虎很快就被蜇得全身红肿，忍着疼痛落荒而逃了。打那以后，老虎的嚣张气焰也收敛了许多。

家长可以让孩子自己挑选所喜爱的动物来编，家长也可以找自己喜欢的动物，结合每个动物的相应特点，或围绕着类似的题材展开，一旦符合孩子喜欢带有竞争性的游戏的特征，就有可能会大大激发孩子的兴趣，跟家长来个创意大比拼，在其乐融融的家庭氛围里，孩子的身心都将得到健康发展。

大白鸭减肥记

有些孩子觉得自己长得不好看，在有了明显的自我意识时，并跟其他小朋友相互比美而觉得自己外表并不漂亮时，家长可以编这种故事，让孩子通过所编故事明白一点：要想拥有一个快乐、幸福的人生，就必须从接纳不完美的自己开始；也让孩子明白自己仍然是有价值的，也是一块金子，只是需要一定的机会让自己发光。

从前，有一只又肥又胖的大白鸭，他走起路来摇摇晃晃的，肚皮几乎都贴到地上了，两只小眼睛总是紧紧地盯着吃的，眼睛里仿佛会溢出水来。

每当发现食物的时候他总是蛮横地把其他的同伴挤开，自己低着头大口大口地吃起来。如果有哪个同伴要靠近，他就会凶狠地啄对方，把对方赶开，直到把食物吃个干干净净。然后他便威风凛凛地踱到了一旁，

"啪"地就坐在了地上，两条小腿似乎已支撑不住他那肥胖的身体了。

终于有一天大白鸭感觉自己走一小段路都气喘吁吁的，好像呼吸都有些困难了！看着自己肥胖的身体，他想：我要减肥了！可是，我能用什么办法减肥呢？于是他迈着慢吞吞的步子去找其他朋友给他出主意。

> 编到此处，家长也可以让孩子出出主意，没准儿孩子也能说出一二三来，这样都可以一起编到故事中。孩子出的主意没有对与错或好与坏之分，关键在于参与。

小熊说："你吃减肥药吧，广告上说效果挺好的呢，一个星期就能减三斤！"

大白鸭一听很高兴，急忙买来减肥药，可是吃了一次就上吐下泻，一点儿力气都没有了，他心想：这哪是减肥啊，简直是要命！不能再吃减肥药了，我还是去找身材苗条的小鹿讨教点经验吧。

小鹿热情地说："想保持好身材，要注意节食，看我每顿只吃一小把青草，而且从不吃肉，你瞧，我多苗条啊！"

大白鸭按照小鹿的话去做，坚持了没两天，就饿得头都晕了，四肢无力，好像快要死了。他想我还是赶紧饱餐一顿吧。这一顿他比以往吃得更多，也更丰盛，节食减肥也宣告失败！

羚羊听说大白鸭要减肥，跑来对他说："减肥最好的办法是运动，多运动多跑步才能有益于身体健康。"

大白鸭一听就觉得头晕，他想，我走路都费劲，还跑步呢，我还是就这样吧。

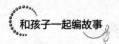

大白鸭不控制食量的现象在孩子身上也经常出现，在减肥过程中一旦需要付出意志努力时，孩子也容易选择放弃。不过家长朋友要明白，孩子身上如自制性、坚韧性等优良心理品质的养成不是一蹴而就的，是需要孩子在成长过程中不断尝试错误的情况下而一步步养成的。

聪明的小老鼠

女儿豆豆曾经自行编过类似的故事，如《可爱的小仓鼠》，这则故事的主角则是小獭兔，这些都是孩子比较喜欢养的小宠物。而编故事就可以从家中饲养的小宠物开始，自行地与孩子共编此类故事，同时用手偶活灵活现地再把它表现出来，会使孩子深深地迷上它。

狐狸在森林里是出了名的狡猾，当年"狐假虎威"的光辉事迹，小动物们至今还记忆犹新呢。这天，狐狸为了显示自己的聪明，拿了一篮子美味的食物来和小动物们比赛。他说："你们谁敢和我比聪明？只要谁能难住我，这些好吃的就归谁。"

小兔子首先应战，出了个脑筋急转弯："一头公牛加一头母牛，猜三个字。"

"两头牛。"

"有一个眼睛瞎了的人，走到山崖边，为什么突然停住了往回走？"

"单眼瞎。"

"你们出点有技术含量的行不行啊？"小猪说，"我来给你出个字谜吧，'斩草不除根'你说是个什么字？"

"当然是'早'啦！"狐狸得意扬扬地说。

> 在编故事时，家长可以与孩子通过一问一答的方式来呈现。比如，这则故事中家长可以让孩子猜相应答案。

大家你看我，我看你，都想不起来有什么能难住狐狸的问题来了。

狐狸哈哈大笑起来："我是森林里最聪明的动物了，谁也比不过我。"

小老鼠眼睛骨碌一转，计上心来。

"你看过乌龟摇头吗？"

狐狸："没有。"

"那你有没有听过笨蛋说有，白痴说没有，智障不说话的故事？"

狐狸："……"

大家一怔，随即大笑起来。狐狸扔下篮子灰溜溜地逃走了。

> 在与孩子一起所编的故事中，如果加入一些脑筋急转弯的智力游戏内容，针对一些相对大龄的孩子来说，就特别能够吊足孩子的胃口，孩子的参与热情也会大大提升。这时，家长也可以借机让孩子把已掌握的脑筋急转弯的智力游戏内容编入故事中。这

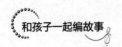

种方式，在某种程度上也能促进孩子对相关题材的阅读兴趣。

长颈鹿妈妈过生日

> 每个孩子都特别喜欢过生日，在生日的当天，孩子们不仅可以吃到美味的蛋糕，还可以收到心爱的礼物。于是，当家长问自己的孩子："假如有一天，爸爸妈妈过生日时，你会怎么办啊？"这则《长颈鹿妈妈过生日》的故事将带给家长一些启发。故事中三个宝宝的创意无穷，点子多多，故事中的语言特点非常符合孩子的心理年龄特点。在这里，提醒家长朋友千万不要低估孩子的创造想象力。当然，通过和孩子一起编故事，在创造想象力这方面也可以大有裨益。

长颈鹿妈妈有三个宝宝。

> 编故事的第一句话，往往用"三个孩子""三个宝宝"作为开始，这也是我女儿豆豆常常加以引用的。这也许源于有一次我带女儿去儿童剧场看的一场《三只小猪》的真人表演，那场表演给女儿留下了深刻的印象。有了三个角色后，它们之间的沟通与对话内容就显得较为丰富，画面感较立体。家长朋友可以让自己的孩子决定用几个数来呈现角色。

老大说："今天是妈妈的生日，我们给她买个蛋糕吧，让她高兴高兴。"

"好呀，好呀！"老二和老三齐声说。

老大、老二、老三好不容易凑起了一小把硬币。

来到商店，老大说："我们要买个最好吃的蛋糕。"

售货员数了数硬币，说："你们的钱不够呀，不过我可以卖给你们一张大饼。"好心的售货员给了他们一张挺不错的大饼。

老大、老二、老三垂头丧气地回到家。

老三叹了口气说："唉……"

老二也叹了口气说："唉……"

老大拍拍脑袋说："不如我们自己想办法把大饼变成蛋糕吧！"

"怎么变？怎么变？"老二、老三瞪圆了小眼睛。

老大拿出自己一直舍不得吃的奶糖，融化开浇在大饼上。嗨，多好呀，一股香甜香甜的奶油味儿。

老二想了想，拿来一大片红肠，轻轻地放在大饼上，他不好意思地说："嘿嘿，我只咬过一点点……"

"妈妈看不出的！"老大很肯定地说。

老三采来一把五彩缤纷的野花，一朵朵摆在大饼上。

哎呀，好像看不出这是一张大饼啦！三只小长颈鹿非常满意，越看心里越高兴。

轻轻推开妈妈房间的门，三兄弟齐声唱起来："祝你生日快乐……"

"哟，哪儿来的蛋糕呀？"妈妈惊奇地说。

"我们做的！"老大说。

"快尝尝！快尝尝！"老二、老三一起说。

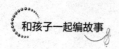

鹿妈妈轻轻地咬了一口，她一下子就明白了："哇，真好吃！真好吃！这是我吃过的最好的蛋糕！"鹿妈妈开心地笑了起来。

> 父母的及时强化，对建立孩子的信心、自我成就感非常重要。

"是吗？"三只小长颈鹿也开心地笑起来。

> 和孩子一起编故事时，一般以欢快、祥和为基调，符合孩子内心的期待。当然，也可以把孩子给妈妈过生日的内容编成以孩子对父母的感恩为主题的故事。

大黑熊和小老鼠

> 在与孩子一起编故事时，用两两对比来编撰故事架构，有时会深得孩子喜欢与接受。如这则故事就用的大黑熊与小老鼠两种动物，且一个富有，一个贫穷；一个拥有的砖块不断减少，一个拥有的砖块却在不断增加。这一点也充分符合孩子"非对即错、非好即坏"等简单的思维特征。如有的家庭刚好有两个孩子，当他们出现矛盾或纷争时，就可以通过两两对比的故事来调解矛盾。

大黑熊是个大富翁，小老鼠却很穷。

有一天，黑熊用他所有的钱，买下了一座大房子。可是，小老鼠的钱，却只能买下一块砖。

他说："黑熊，现在我已经有一块砖了，以后我的房子就造在你房子的旁边。"

大黑熊哈哈大笑："哈哈哈，笑死人了，你只有一块砖，还想造房子？"

小老鼠说："只要好好劳动，砖头就会慢慢增加的。"

从此以后，小老鼠就好好地劳动，慢慢地攒钱。黑熊却总是大吃大喝，胡乱花钱。

有一天，黑熊没钱了，只好来跟小老鼠商量："借我一点儿钱吧。"

小老鼠说："我不借，不过你可以把你房子里的砖头卖一些给我。"

大黑熊卖了五块砖给小老鼠。小老鼠在黑熊墙上的五块砖上，做下了记号，写上：这是小老鼠的砖。

后来，大黑熊要用钱，就把房子里的砖卖给小老鼠。这样，在大黑熊的房子里，做了"这是小老鼠的砖"的记号的砖不断地增加，没有记号的砖不断地减少。

终于有一天，大黑熊房子里的每一块砖，上面都是这样的记号：这是小老鼠的砖。

小老鼠说："现在，这座房子的每一块砖都是我的了，你可以搬出去了。"

终于，小老鼠有了自己的别墅，而大黑熊却什么都没有了。

不好好珍惜现在所拥有的，即使目前是富有的，迟早有一天也会变成穷的。如果现在条件相对较差，但是，经过不断地努

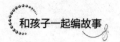

力与辛勤积累，总有一天较差的条件会得到不同程度的改善。如故事中所表达的"聚沙成塔""万丈高楼平地起""一切皆有可能"，等等，这种人生中所蕴含的大道理若直接表达给孩子，估计孩子很难听明白的。这时，如果借用和孩子一起编故事的方法，将会收到一定的作用。当然，更多深奥的人生哲理是需要孩子身体力行、慢慢积累、一点一滴去体验来获得的。

青蛙歌唱家

孩子在成长的过程中，需要亲自去体验发生在自己身边的人情世故与周遭变故，这一点家长是无法替代的。在尽量做到风险最低化后，家长要勇于让孩子独立去体会生活中的五味，这样就能更有效地培育孩子的独立能力及抗挫折能力。

从前有一只青蛙，他唱歌非常动听，别的青蛙都夸他嗓子好。这只青蛙得意起来，便天天唱歌，别的什么事也不做。当然，每当他唱完歌，其他的青蛙都会把自己捕捉的害虫分给他一些。

有些好心的青蛙劝他学点儿捕捉害虫的本领，不要光顾着唱歌，但是他拒绝了，还说："我就是天生的歌唱家，靠唱歌就可以过得很好了，哪里还需要亲自去捕捉害虫呢！"大伙儿见他听不进劝告，也就不再勉强了。

后来意外发生了，一场很大的暴风雨来了，青蛙们都忙着逃生去了。

等过了几天后，风平浪静了，大伙儿回到美丽的家园时，却发现这位骄傲的歌唱家已经饿死了！

作为一只青蛙，却没有掌握自己应有的本领——捕捉害虫，而只是依赖唱歌谋生，灾难临头之际，他的结果是多么可悲啊！

在这里需要提醒家长，与孩子一起编故事时，本着真诚、自然、和谐、快乐的原则即可，无须在所有故事中均要告诉孩子某些人生大道理。否则，可能会矫枉过正，扼杀了孩子的梦想。在这则故事中，孩子从小树立如当"歌唱家""科学家""舞蹈家"等美好理想时，对孩子一生的成功会奠定良好的基础。只是，在故事里要用委婉且孩子能听懂的语言来表述要成为某某"家"也需要准备其他相应的条件。

青蛙的遭遇

在编故事时，应在故事中设置一些曲折的情节，才能吸引孩子，才会满足孩子好奇心的需要。根据孩子的不同，家长朋友可以适当调整对曲折情节次数的设置。

夜深了，许多动物都进入了甜蜜的梦乡。可是有两只青蛙却怎么都睡不着，他们轻言轻语地说起了悄悄话。

咕咕用低低的声音对呱呱说："呱呱，你这些天过得怎么样啊？还好吧？"

呱呱愁眉苦脸地叹了口气："好什么！那天差点儿连小命都丢了。前几天我刚看到一只害虫，正打算过去饱餐一顿呢，就见一只大网朝我撒来，我吓得赶紧逃跑了。要不是眼疾手快，我早就成了别人的盘中餐了，现在想起来心都'扑通，扑通'地跳呢！"

咕咕接道："我比你也强不到哪里去，听说现在人们流行吃田鸡腿，饭店每天都能卖出几百斤呢，好多人都用大网来捕杀我们。我也是整天东躲西藏，最近经常都吃不饱肚子了。"

"不知道人类是怎么想的，任由那么多的害虫恣意妄为，对捕杀我们却是用尽心思。"

"可恶的人类！"

"嘘！好像有脚步声……咱们赶紧躲起来。"

青蛙是人类的好朋友，是捕杀害虫的能手，却成为人类口中的美食，借用青蛙之间的活灵活现、惟妙惟肖的对话，能够在孩子的内心世界播下保护青蛙的美好种子。编出一个好故事，对孩子未来的正向影响不容忽视。

数星星

　　家长在孩子很小的时候，就带孩子一边哼着曲子，一边捏着孩子的指头来数星星。伴随着孩子一天天的长大，这种幸福的种子慢慢生根发芽，于是，一旦孩子听说家长要跟自己编"数星星"的故事，孩子将会较快地进入编故事的氛围中。家长朋友平时要善于多积累与孩子一起玩过的各种亲子游戏，在脑海里珍藏给孩子读过的各种亲子故事，这样，一旦有需要时，就可信手拈来。我在给我女儿每天所记录的成长日记中就有许多宝贵素材。家长朋友若有兴趣，请参阅拙著《怎么爱，宝贝才快乐》。

　　要下课了，河马老师今天布置的家庭作业就是数星星。

　　小猴子、小白鹅和小狗一听就兴奋起来："太好了，今天可以在外面玩了！"吃过晚饭以后，三个小伙伴纷纷走出家门数星星。

　　爱玩是孩子的天性，儿童偏爱游戏，游戏伴随他们成长！

　　小猴子说："天上的星星可真多啊，一闪一闪地眨着眼睛。要不咱们分工合作吧，小白鹅数左边，我数中间，小狗数右边，看到北斗星的勺柄了吗？就从那开始吧。"

　　"一颗，两颗，三颗……"

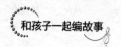

"哎呀，不好了，刚才这里的那颗星星怎么不见了？"小狗大喊起来。

小猴子和小白鹅忙安慰他："别着急，你再找找！"

"糟糕，我刚才数到哪里了？"小猴子嘟囔着。

"前面那个是多少来着？"小白鹅也乱了阵脚。

小猴子急得抓耳挠腮："都怪小狗刚才乱喊，害得我数乱了！"

小白鹅也随声附和着："是啊，我的也乱套了！"

> 用形象、生动的对白语言，增添了故事的趣味。

山羊伯伯见刚才好好的小伙伴眼看就要吵起来，急忙过来劝阻："小家伙们，你们这样挨个数不行啊。天上的星星是在动，可它们之间的距离是不变的。祖先已经发现了星星分布的规律，你们要按照规律，把它们分成一个一个星座，这样才能把它们弄清楚。"

小伙伴们仔细观察，果然发现了一些窍门，他们更加喜欢数星星了。

> 在所编的故事里，常常引入如"山羊伯伯""大象爷爷"等智者角色，他们如同老师般循循善诱，解开孩子心头的困惑。家长朋友在编故事时可以合理地加以运用。

小海龟找妈妈

这则故事的改编创意深受《小蝌蚪找妈妈》的启发，这也是常见的编故事的方法之一。编故事有时候需要其他经典的原型故事作为素材，家长平时就要在这方面多积累，一旦需要就能手到擒来啦。

在柔软的海滩上，贝壳静悄悄地听着大海妈妈的歌声。

突然，沙土松动了，一个小脑瓜探了出来。

它查看了一下，确定没有敌情。紧接着，一个个的小脑瓜钻了出来。

夕阳西下，小海龟们奋力地向大海爬去，它们知道海龟妈妈就在海里等着它们呢。

忽然，天上出现了一群可怕的海鸟，它们一个接一个地俯冲，把小海龟抓到了天上。原来这些鸟是来抓小海龟吃的。小海龟们更是加快了速度向海里游去。可是不幸的是，还是有不少小海龟被海鸟抓走了。

小海龟们哭着到海里找妈妈去了。

"妈妈？妈妈？妈妈？"它们一边喊，一边向海底深处游去。

在这则故事里从题目中的"找"开始，就用来好多的动词来呈现，而不是用形容词。这是因为年幼的孩子往往是通过模仿动作来学习相关知识的。孩子在不断行动的过程中，去克服相应的困难，这与孩子内在的心理需求是一致的，能发展这个阶段孩子的意志品质。

它们摆脱了海带婆婆的阻挠，躲过了鲨鱼的袭击，可是队伍却在慢慢地缩小。

妈妈到底在哪里啊？终于，它们在海藻那边看到海龟妈妈。

"妈妈！""妈妈！""妈妈！"它们争先恐后地喊着。

"嗯！孩子们受苦了！"海龟妈妈安慰道。

"哇！……"小海龟们委屈地哭起来。

"为什么这样啊？那些海鸟好可怕！"小海龟们异口同声地说。

"孩子们，大自然就是这样残酷。你们要看到这样的环境，勇敢地面对困难，这样才能最终生存下来，知道吗？"海龟妈妈答道。

"是的，妈妈！我们记住了！"

于是，小海龟们跟随妈妈一起回到了家。在那里，海龟爸爸已经做好了饭等着孩子们回家呢。

故事有开头、过程和结尾三阶段，而且在结尾处往往以快乐的结尾居多，因为孩子在成长过程中需要希望，而故事的快乐结局就能给予孩子希望。

狮子出书

> 这个故事从创编题目就让孩子产生了诸多兴趣，孩子一旦有了兴趣，就能轻而易举地与家长一起把故事编完。

狮子出名了！狮子出名了！你不禁要问，狮子号称百兽之王，有名不是应该的嘛。这你就错了，狮子出名是因为狮子出书了。

昨天，狮子写的《狮子捕食技巧》正式出版发行。

斑马得到了狮子出书的消息，一大早就赶来买了一本，开开心心地走了。

麋鹿得到了狮子出书的消息，也匆匆地赶来，买了一本，如获至宝。

山羊得到了狮子出书的消息，兴奋得一连几天睡不着觉，直到下午买了一本，才激动地说："这下终于能睡个安稳觉了！"

乌鸦来了，白兔来了，野猪来了……狮子的书销售一空，狮子那个得意啊。

> 看到这么多动物购买书，狮子得意忘形的样子，从心理学角度来看，是完全可以理解的。家长针对此处的得意到不满意的转折，可以带领孩子做进一步的思考，到底发生了什么，让孩子自己去展开丰富的想象。

可是，紧接着狮子就不满意了。

它在草原上追斑马，正想张开口咬它的脖子，不料斑马机灵地一下就躲开了。等它想再去追的时候，斑马早已经跑得老远，它回过头来得意扬扬地对狮子说："又是这一招，我早就想到办法化解了！哈哈！"

狮子看着斑马，气得直瞪胡子，它一回头看到了麋鹿。它哈哈一笑，心想就让这只麋鹿来做我的晚餐吧。谁知，麋鹿看到狮子撒腿就跑，它连麋鹿影子都没抓到。

狮子气得在草原上直跳。它在心里暗暗地想，没有办法，看来只好抓一只山羊了。远远的，一只肥大的山羊跑来，狮子马上扑了上去，在以往这个绝招可是从来没有失过手的；但是，这次山羊用后腿狠狠地向狮子踢去，狮子重重地摔在了草地上。

狮子气得不得了，它郁闷地向家里走去。突然，它看到树上的乌鸦正在捧着它的《狮子捕食技巧》，看得津津有味。这下，狮子才恍然大悟，原来都是这本书害的啊！

看来，出名也不是什么好事啊！

> 最后这句话，放在此处，对于孩子来说，不一定能明白。既然不明白，也就没有必要呈现。所以这里提醒家长注意，不是什么内容都有必要告知孩子的，要根据孩子的认知能力给予相应的内容。这也是编故事的着重点之一，因"孩"而编。

可爱的黑眼睛兔子

兔妈妈生了一窝小兔子，它们都有着红红的眼睛，白白的毛。除了一只，它长着黑黑的眼睛，白白的毛。

兔妈妈告诉兔宝宝们要相亲相爱。兔宝宝们表面上答应得好好的，可是暗地里兔宝宝们都瞧不起这只黑眼睛的兔子，鄙夷地说："多黑的眼睛啊，像个丑八怪！怎么配和我们在一起生活，离我们远点儿！"

黑眼睛兔子感到非常委屈，但它还是坚强地活了下来，不仅毛越来越光亮，而且还能帮着兔妈妈做事呢。

"哼！丑八怪！"兔宝宝们都嗤之以鼻，连瞧都不愿再瞧它。

一天，主人陪着一位科学家到兔子园里参观。

科学家在众多的兔子中间看了又看，忽然发现了这只黑眼睛兔子，惊喜地叫起来："黑眼睛兔子！这可是闻所未闻的品种！我要买下它好好地研究研究，说不定能有什么重大的发现呢。"

为了研究黑眼睛兔子，保存和繁衍这个珍贵品种，科学家便以重金购买了这只黑眼睛兔子。

当黑眼睛兔子离开兔子园时，它依依不舍地向兔妈妈和兄弟姐妹告别，那双黑黑的眼睛里蓄满了眼泪。

直到这时，兔宝宝们才知道黑眼睛兔子的价值，它们全都羞愧地低下了头。

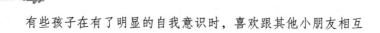

有些孩子在有了明显的自我意识时，喜欢跟其他小朋友相互

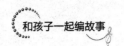

比美。当他们觉得自己外表并不漂亮而感到伤心时，家长就可以编这类故事，让孩子通过故事明白自己仍然是有价值的，也是一块金子，只是需要一定的机会让自己发光。

小牛种地

老牛老了，他把小牛叫到身边，对他说："孩子，爸爸老了，以后家里的庄稼就靠你了，你可不能再贪玩了，要勤快劳动，这样咱们家才能有好收成啊！"说着，老牛忍不住咳了起来。

小牛看到父亲病得这么厉害，决心不再贪玩，勤快劳动。

春夏季节，正是播种的时候，可是小牛却为种什么发起愁来，一时拿不定主意。正当他犹豫不决的时候，听见小白兔在喊："快来看，大家快来看，我种的韭菜出苗了，小苗又鲜又嫩……"小牛听见了很羡慕，就也在自己的地里种上了韭菜。过了没几天，地里便长出了又小又嫩的苗儿。小牛得意极了。

就在这时，他又听见老马叔叔说："我的扁豆出土了，扁豆可好吃啦！"小牛特别爱吃扁豆，听到后，他赶紧跑到自己的地里拔了韭菜种上了扁豆。又过了几天，扁豆种子长出了嫩嫩的、小小的叶子。小牛见了，心里别提有多高兴了。

路过的小黄狗对小牛说："我种的花生又香又好吃……"听小黄狗这么一说，小牛又心动了。他一溜小跑来到地里，拔掉扁豆苗又种上了花生。一段时间过去了，小牛看看出土的花生秧，乐坏了，他美滋滋地等着父亲的夸赞。

可是，因为小牛种得太迟了，错过了最佳季节，花生长得又瘪又小。小牛惭愧极了。

老牛对他说："没事的，孩子，一次失败不算什么的，只要找到好的方法，最后一定会成功的。"

第二年，小牛切合着时令，撒下了牧草的种子。到了秋季，小牛收获了满满的一车牧草。他开心地笑了。

孩子身上优良的品质，如果韧性、坚韧性等的养成不是一蹴而就的，是孩子在成长过程中，不断尝试错误的情况下才一步步养成的。故事中小牛的表现就是大部分孩子的常见表现。老牛就是家长或其他教育者的替身。老牛跟小牛所说的话，就是平时家长跟孩子所说的话，如果不是用故事的方法，而单纯跟孩子讲大道理，几个孩子能听进去？编故事的重要性不言而喻。

不守承诺的灰青蛙

春天，一只大雁从南方飞回了北方。两只冬眠的青蛙正好从洞里走了出来，它们一个是绿青蛙，一个是灰青蛙。外面天气晴朗，白云朵朵，大雁和青蛙们聊起了天。

绿青蛙对大雁说："大雁，从南方回来了啊！路上还顺利吗？"

大雁说："挺顺利的，你们还好吗？"

灰青蛙看了绿青蛙一眼，点点头说："我们也就是老样子呗，还是在洞里待了一冬，无聊死了。"

"是啊！哪里像您啊，可以到南方去，听他们说那里可美了，是吗？"绿青蛙问道。

大雁说："是啊！真的挺美的。"于是大雁就对两只青蛙说起了南方的幽静，南方的恬淡。

两只青蛙听得入了迷。"真想亲眼看看。"他们异口同声地说。

"等到秋天，如果你们想去看看，我倒可以帮助你们！"大雁许诺道。

两只青蛙高兴地连连点头。

很快便到了秋天。大雁来找两只青蛙了。大雁说："我明天就要离开了，你们愿意和我一起去南方吗？"

绿青蛙马上说："我愿意！"

灰青蛙却开始犹豫了："离开这里吗？离开这个从小生长的地方？"

最后，只有绿青蛙跟着大雁飞去了南方，他亲眼见识了南方的幽静，南方的恬淡。

第二年，绿青蛙回到了北方，但是却再也找不到灰青蛙了。这是怎么回事呢？

> 家长编故事到此处时，可以稍作停留，让孩子参与进来，听听孩子是怎么说的。

原来，灰青蛙感到自己说话不算数，最后没有去南方，羞愧地躲到井底里去了。听！他还在里面鼓着腮帮子叫着："丢人啦！丢人啦！……"

> 故事的结尾可以设置一些开放性问题，如问灰青蛙为什么鼓着腮帮子叫着"丢人啦"？这样根据孩子的回答让故事不断地编下去。家长把对"承诺"的理解巧妙地用故事中的灰青蛙的隐喻体现出来，让孩子明白遵守承诺的重要性，一旦答应就要尽可能地排除万难去兑现。

🌀 小狗找骨头

> 这个故事是根据《小猫钓鱼》的创意而编的。所以，当家长对一些经典故事有所熟悉与了解时，就可以编出不同版本的故事来。即使这两个故事表达的主题是一样的——强调三心二意难以完成任务，也不影响孩子对故事的接纳与认同。没准儿，孩子更会对新奇的另类故事表达有一番亲近感呢。

森林里住着小狗一家。有一天小狗饿了，他想吃又大又香的骨头。狗爷爷告诉他，他在家后边的土堆里埋了一块大大的骨头。小狗开开心心地跑开了，他仿佛已经闻到了骨头浓浓的香味。

很快，他便来到了后边的土堆。好大一个土堆啊！小狗心想，我又不知道骨头在哪里，这下还不一定能找到呢。于是，他便心不在焉地找起来。

天上飘过一朵云，云朵白白的，像一盆肥皂泡。在微风的吹拂下，云朵跳起了美丽的舞蹈，看她一会儿旋转，一会儿低回，一会儿跳动，真是美极了！小狗痴痴地看着云朵的表演，直到云朵飞远了，它才收回了视线，接着找骨头。

这时旁边又飞来了几只漂亮的蝴蝶，他们颜色各异，有粉色的、黄色的、白色的、黑色的，还有几只是花色的呢。他们看见了小狗，便停下来热情地邀请道："小狗，来和我们一起玩吧！前边的花园可漂亮了！"说着，还上上下下地一边飞一边向小狗描述花朵的姿态。小狗禁不住诱惑，跟着蝴蝶去花园里玩了。他们捉迷藏、丢沙包、踢毽子，笑声盈满了花园。后来，蝴蝶回家了，小狗才回到了土堆旁接着找骨头。

清风吹来，吹得小狗的头发乱乱的，原来是小狗的邻居风来找他玩了。小狗一看自己头发的惨样，追着风在土堆里打闹起来。后来，他们还跑去和小青蛙看荷叶了呢。

到了晚上，小狗疲惫地回到了家里。狗爷爷问他情况，他低着头一五一十地把找骨头的经过告诉了狗爷爷。

狗爷爷生气地对他说："像你这样三心二意，怎么能找到骨头呢？"

小狗惭愧地低下了头。

> 狗爷爷对小狗的批评教育是非常到位与及时的。其实每个孩子在一点一滴成长的过程中，如同小树苗长成大树一样，需要对一些枝叶进行必要的修剪，这样小树才能充分享受光照的作用。所以，在惯用鼓励教育的情况下，也要有适当的批评教育，我认为没有批

评的教育是不健全的教育，是一种缺"钙"的教育。

第二天，小狗一大早就去找骨头，他不玩也不闹了，认认真真地找骨头。你猜怎么着？呵呵，中午他就找到骨头了。看！他吃得多香啊！

小猴走沙漠

孩子在喜欢吃的东西面前，往往很难把持住，恨不得立刻得到满足。对于这种情况，家长朋友在读下面这则编创的故事时，没准儿会产生一定的共鸣。

猴子和骆驼一起去旅游，他们要经过一片沙漠。

天气太热了，猴子拿出水壶，就要喝个痛快，可是却被骆驼给阻止了。骆驼说："你不要一下子就把水都喝光，否则等你更渴的时候，你就没水喝了。"

猴子只好把水壶放好，和骆驼继续走。要走出这片沙漠，需要很长的时间。天气越来越热了。

猴子终于把自己水壶里的水喝完了，但还是很渴。

"水！我要喝水！"猴子难受地说。

骆驼把自己的水壶递给猴子，猴子喝饱了。

"谢谢你！"猴子说，"我把你的水喝了，你怎么办呢？"

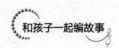

　　"没关系！"骆驼摆摆手说，"我们骆驼可以坚持很长时间不用喝水，是不怕渴的！"

　　猴子不好意思地对骆驼说："多亏你了，不然我就要渴死啦！现在我才知道水有多么重要，以后我一定不会再浪费水啦！"

　　骆驼没有让一起走沙漠的猴子立刻喝到水，这里涉及美国斯坦福大学心理学教授米歇尔提出的"延迟满足"的概念。"延迟满足"对孩子健康顺利地成长是非常有益处的。"延迟满足"就是我们平时所说的忍耐。它不是单纯地让孩子学会等待，也不是一味地压制孩子的内心渴望，是一种克服当前的困难情境而力求获得长远利益的能力。家长朋友在深刻理解"延迟满足"概念后，在平时生活中要重视对孩子在这方面的引导与教育。

蜘蛛学织网

　　这则故事的创意来自《三只小猪》，三只小猪盖出不同的房子，最终以石头房子最为坚固。通过编这样的故事，告诉孩子要掌握某种技能是需要不断尝试的。有些较难的事情更需要多次反复地实践才能成功。一次做不好，不要轻易去放弃。现在好多孩子在做事情的时候往往没有耐性，一旦失败就很快放弃，并大发脾气。

小蜘蛛跟着妈妈学织网。蜘蛛妈妈认真地教小蜘蛛学习织网，包括选地点、抽丝、固定、选角度等，小蜘蛛看得可仔细了。

一天，蜘蛛妈妈对小蜘蛛说："孩子，去织网开始捕食吧！"

小蜘蛛高高兴兴地来到了一个墙角织起网来。它心想，只要把网织得结实了，就算网小点儿也一定会捉到猎物的。于是，它把网织得又小又坚固。一只蚊子飞过来了，躲在一旁的小蜘蛛兴奋地等着吃蚊子美餐。可是网太小了，蚊子快乐地逃走了。

小蜘蛛很生气，它决定重新织一张大大的网，不让猎物逃走。于是，它便在墙角认真地织起网来。两天过去了，它把网织得比蜘蛛妈妈的网还要大一倍。它心想，这下猎物就逃不掉了。一只苍蝇"嗡嗡嗡"地飞来了，躲在一旁的小蜘蛛兴奋地等着吃苍蝇大餐。可是网太大了，等到小蜘蛛爬到网中间，那只苍蝇早就逃走了。

小蜘蛛失落地去找蜘蛛妈妈，哭着对蜘蛛妈妈说："妈妈，我织不好网，总是抓不住猎物，呜呜……"

蜘蛛妈妈安慰它道："那是你把网织得太大或者太小了吧。孩子别哭，只要你把网的大小织得合适了，就一定可以抓到猎物的。"

小蜘蛛抬起满是泪痕的脸，冲着妈妈重重地点了一下头。

后来，小蜘蛛又回到了那个墙角。这次，它听了妈妈的话，把蜘蛛网织得不大也不小，然后捉了很多的猎物。小蜘蛛开心地笑了。

> 故事以快乐的基调结尾，给了孩子更多的希望与信心。

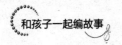

🐌 两只小猪

> 在与孩子一起编故事时，用两个对比鲜明的角色来编撰故事架构，有时会深得孩子喜欢与接受。在这则故事里，一个懒惰，一个勤快，通过对比来呈现故事，故事的教育力量就能充分地展现。"小故事，大道理"，运用之妙，在于一"心"啊！

从前，有两只小猪，一只是小黑猪，一只是小白猪。小黑猪懒惰，小白猪勤快。他们都在山上种地。小白猪每天都去除草、捉虫，施肥……忙得不亦乐乎，小黑猪却什么都不干，树苗干了也不管，整天在家睡大觉。

秋天到了，小白猪收获了一大屋子的粮食，乐得嘴都快合不拢了。小黑猪却什么都没有收获到。

后来，小黑猪一点儿吃的都没有了，饿得都快晕倒啦，他只好去小白猪家里借粮食。小白猪劝告他："付出才会有收获，努力去耕种才能够丰衣足食啊！"小黑猪后悔莫及，忙向小白猪打包票说："明年我一定像你一样好好去地里劳作！"于是，小白猪借给小黑猪一些粮食，小黑猪便高兴地回了家。

第二年，小黑猪果然也变勤快了，一开春就和小白猪一样去翻地、播种、施肥、除草……到了秋天，小白猪和小黑猪都收获了很多粮食。

一分耕耘一分收获，勤于付出才能得到回报啊！

要想让孩子变得勤快，家长的教育意识与引导作用非常关键。家长要让孩子做他力所能及的事情，不要越俎代庖。孩子的懒惰往往缘于家长的不放手与过多的纵容。

❖ 飞鸟鱼虫篇

🌱 孔雀尾巴的来历

小朋友们，你们见过孔雀吗？你们知道孔雀尾巴的来历吗？下面就让我来给你们讲讲孔雀尾巴的来历吧。

> 在编故事时，提问是非常常用的方法，能够顺理成章地把孩子带入故事的氛围。围绕着问题展开故事，往往更能刺激孩子思考。最后在故事结尾处再把问题的答案自然地展露出来。

很久很久以前，孔雀并没有漂亮的尾巴。它就像家里的母鸡一样，尾巴上只有几根短短的、暗暗的毛，难看极了。

在小小的山村里，住着孔雀爸爸、孔雀妈妈，还有三只孔雀姐妹。

大孔雀会唱歌，它的嗓音像百灵鸟一样婉转动听，只要它一唱歌，沉默的大山都会为它鼓掌，奔流的小河都会停止奔跑。

二孔雀会跳舞，它的舞姿像羽毛一样轻盈优美，只要它一跳舞，天上的彩虹都会黯然失色，盛开的牡丹都会显得憔悴。

三孔雀既不会唱歌，也不会跳舞。它只会安安分分地在家里帮孔雀爸爸、孔雀妈妈干活，从来都不喊苦，不喊累。

可是，孔雀爸爸和孔雀妈妈还是更喜欢大女儿和二女儿，对于三女儿根本就不闻不问。

突然有一天，孔雀爸爸得了一场急病，这可急坏了孔雀一家，它们急忙请来镇里的大夫，大夫看了直摇头，说："这场急病只有东边悬崖上的红花草可以治，但是那里太危险了，你们有谁能过去采回来吗？"

听到这里，孔雀妈妈看了一眼大女儿，大女儿像没听到一样低着头看乐谱。

孔雀妈妈又看了一眼二女儿，二女儿在一边学着天鹅舞。

看到这里，孔雀妈妈伤心得快要哭了。

这个时候，三女儿站了出来，它对孔雀妈妈和两个姐姐说："我去！你们在家里照顾爸爸吧！"说着，就拿了个药筐向东边的悬崖走去。

> 大女儿、二女儿与三女儿的行为表现有明显的不同，让故事呈现出一定的张力，加大了对比的效果，让孩子明白面对困难时要勇于承担的重要性，能达到一定的教育效果！这种方法在编故事中常常加以应用。

过了没几天，三女儿一脸疲惫地回来了，它把采到的红花草交给了妈

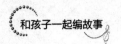

妈就一头倒在了院子里。

有了红花草，孔雀爸爸的病很快就好了。

后来，这件事情传到了天上，玉帝被三孔雀的孝心感动了。于是，他便赐给了三孔雀一把用五彩的伞做成的尾巴，而大孔雀和二孔雀只有羡慕的份儿。

三孔雀的角色是一个非常鲜明、突出的，和大孔雀、二孔雀不同的角色，只有它可以在孔雀爸爸生病情况下不顾自己安危去给予帮助。就这样，通过与孩子一起编故事的方法，家长可以将助人的行为以"润物细无声"的方式渗透给孩子。

猫头鹰筑窝

在成长中，有些困难和挫折是孩子必须要面对的，只有在不断体验这些困难和挫折，甚至错误的过程中，孩子才能获得诸多见识，才能真正获得成长。父母有时是无法替代孩子去体验各种困难与挫折的。

猫头鹰是个脾气固执的家伙。

有一天，猫头鹰正准备在一棵干枯的树上安家。他不停地飞来飞去，把衔到的树枝和草放在枝丫上。当猫头鹰快要把窝筑好时，一只好心的啄木鸟飞来，很有礼貌地问他："猫头鹰大哥，你在做什么啊？"

"我要在这里安家。"猫头鹰回答道。

啄木鸟看了看那棵树，劝他："猫头鹰大哥，您不能把家安在这棵干枯的树上。您看这棵树上都是虫子洞，是禁不住暴风雨的，随时都有可能倒塌。"

任凭啄木鸟苦口婆心，猫头鹰却听不进劝告，非要把家安在这棵树上。啄木鸟没有办法，只得飞走了。

猫头鹰的窝终于筑好了。猫头鹰躺在窝里休息，自言自语地说："那只啄木鸟真多事，幸好我没听他的话。现在不是好好的，一点儿事也没有。"猫头鹰的话刚说完，就开始刮起狂风，下起暴雨来。

猫头鹰安家的枯树经不起狂风暴雨的吹打，不一会儿就倒塌了，把猫头鹰压在下面。猫头鹰做梦也没有想到，自己费了九牛二虎之力建造的家，会在瞬间倒塌。幸好猫头鹰命大，只受了点儿皮外伤。他后悔没有听啄木鸟的劝告，但是现在已经太迟了。

> 故事编到此处时，家长可以和孩子一起往下编，引发孩子的发散性思维。如猫头鹰有了这次深刻的教训后，他终于在一个安全的地方安家了。其实，"执着"与"固执"只是孩子性格上的一面"双刃剑"，是同一内涵的不同表达方式而已。需要家长好好把握一个度来阐述。在教育孩子过程中，尽量从积极的一面进行考虑，多从孩子身上寻找闪光点。

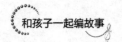

粗心的小啄木鸟

> 　　小孩子粗心、马虎的情况很常见，我女儿在小学一年级时，也出现了粗心的现象。于是，我常常给女儿编一些跟粗心的主题有关的故事，我会在故事中巧妙设置，插入女儿出现过的粗心表现，以纠正女儿粗心的习惯。据我的经验，这一类的故事可以多次重复编讲，让故事内容内化到孩子的心里，进而促进他改善行为。

　　啄木鸟一家是森林里的医生世家。

　　今年，小啄木鸟背着书包去学校了。看着啄木鸟的第三代走进了森林学校，啄木鸟爷爷别提多高兴了。

　　小啄木鸟读书可努力了，什么故事啊，古诗啊，算术啊，他都学得特别认真。可是美中不足的是他对书写很不在意，还一直向伙伴们吹嘘那是"标准的草书"呢！

　　有一次，小啄木鸟的语文考了94分。他的心里得意极了，蹦蹦跳跳地回了家。

　　一进门，他便冲着爸爸炫耀道："爸爸，看，我考了94分！"

　　"真棒！来，爸爸看看！"啄木鸟爸爸对小啄木鸟说。

　　小啄木鸟连忙把试卷递给爸爸，心想爸爸等会儿一定会使劲儿夸赞他的。可是，当他抬起头，突然发现爸爸的脸色已经晴转多云了。怎么回事啊？小啄木鸟纳闷了。

　　"看这里，怎么把'十'写成'千'了啊？"啄木鸟爸爸生气地问道。

"哎呀，不就是多写了一笔嘛！"小啄木鸟嘟囔道。

"孩子啊！这可不是简单的一笔，你想想啊，咱们是森林里的医生，万一做手术时，只需截取一根手指，可你却把一写成十，一下就把十个手指头全截下来了，这后果该多严重啊！"啄木鸟爸爸语重心长地对小啄木鸟说。

"爸爸，我懂了，我以后再也不会这么粗心了！"小啄木鸟保证道。

后来，小啄木鸟还特意练起了书法，而且再也没有犯过这样的错误了。

孔雀和老虎

孔雀是森林里的跳舞皇后，她又温柔又美丽，舞姿轻盈，赢得了森林里所有小动物的喜爱。老虎很羡慕，于是就向孔雀拜师，想像她一样赢得小动物们的喜欢。

老虎还打着自己的小算盘呢，他心想：我饱的时候，孔雀是我的师父；我饿的时候，孔雀就是我的食物。孔雀呢，也另有一番打算：老虎力量过人，他可以保护我。如果有朝一日老虎骗了我，我就不与他来往了。

学习的过程是很辛苦的，也很耗体力。有一天，老虎到处找吃的都没有找到。他饿得两眼冒金花，一把抓住孔雀想吃掉她。孔雀质问老虎道："我是你师父，对师父下手，难道你不怕别人笑话吗？"

"是的，过去你是我的师父，现在我有的是朋友，是他们建议我吃你的，因为你有三大罪状！"老虎不慌不忙地说道。

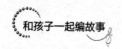

"什么! 三大罪状?" 孔雀一时不解。

"第一,你的叫声太难听,成天嗷嗷,弄得大家每天都提心吊胆的;第二,作为老师,你太爱出风头,没事就跳舞;第三,你太注意外表了,一点儿不关心我的内心感受……" 老虎滔滔不绝。

> 在与孩子一起编故事中,一旦呈现第一、第二、第三等内容时,往往能较好地训练孩子的言语表达能力与逻辑思维能力。

听了老虎的"判决",孔雀说:"那好吧,我承认自己有罪。但我有一个要求,看在我们曾经是师徒的分上,请允许我临死前为自己跳一支舞。"

老虎答应了孔雀的请求,爪子一松。孔雀趁机张开双翅,两脚用力一蹬,"嗷嗷"地飞到了远处。等老虎再跑过去抓孔雀的时候,哪里还能看到孔雀的影子啊!

> 这则故事蕴含着深刻的含义:貌似强大的敌人其实并不可怕,只要利用自己的优势与特长就可以战胜他;遇到强大的敌人时,不要直接去跟他挑战,换一种出其不意的方式,利用自己的机智,巧妙地脱围。

知了学跳舞

烈日炎炎,为什么知了一天到晚不停地哀叫"迟了! 迟了! "呢? 这是有缘故的。

> 在编故事一开始就设置一个问题，有利于展开故事，而且会一下子将孩子的注意力抓住。因此，家长可以顺着这个问题的主线，一步一步地往下编。这种编故事的方法往往较受孩子们的喜欢。

很久以前，知了是森林里有名的懒汉。他靠嘴巴那根又长又尖的针管，偷吸树的液汁，扰乱露水的美梦，把自己养得又肥又胖，但最后却往往成了黄雀的美餐。他总是很郁闷。

怎么办呢？也许自己变得瘦点儿就不会那么容易被发现了吧。知了心里想。

后来，百灵鸟告诉他，燕子的舞蹈可美了，看她身体多轻盈、动作多灵活！知了羡慕极了，他想：如果我也有燕子那套高超的跳舞本领，那我的命运就好多了。于是他下决心拜燕子为师，学习跳舞本领。

"燕子姐姐，请你可怜可怜我吧，教我跳舞的本领。我一定会刻苦学习的。练好了，我还要和蜜蜂比跳舞呢！"知了恳切地请求说。

燕子本来不想收下这个懒惰的徒弟的，怕他坚持不下来；但是看知了那么诚恳，就答应了。

第一天，知了很早就到了燕子那里。燕子见了非常高兴，她先教知了练基本功。她对知了说："基本功练扎实了，才能跳得好，姿态才更优美，才能变得漂亮轻盈。""燕子姐姐，我知道了，咱们开始吧！"知了充满信心地说道。

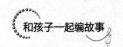
燕子先教知了练习拍翅膀，知了拍着拍着，就觉得拍翅膀的动作太简单了，他高兴地喊道："会了！会了！"于是知了停止了练习，回家去睡觉了。

第二天，知了迟到了半个小时。燕子没有说什么，继续教他上下跳。知了跳了几下，觉得很简单，就高兴地喊道："会了！会了！"于是知了停止了练习，去找蝴蝶玩去了。

第三天，燕子在练习场上等了老半天，也不见知了来，她以为知了有事耽搁了，就亲自去知了家看看。燕子推门进屋，看见知了还在床上睡懒觉！燕子推醒知了说："你怎么还在睡觉呀，快起来学习，不然像你这样三天打鱼两天晒网，是学不会跳舞的！"

"困死了！"知了说着又躺下继续睡懒觉。

燕子生气地走了。

就这样，知了学学停停，停停学学，虽然学会了跳舞，但是跳得不好，动作不和谐，身体还是像原来那样又肥又胖。知了根本躲不过黄雀的眼睛，到最后还是成了黄雀的嘴中美餐。从此以后，其他知了为了时时提醒自己记住这个教训，便不断对自己说："迟了！迟了！"

> 很多孩子在学习过程中，也会出现如知了一样的情况，学学停停，停停学学，无法达到预期的目标，从而留下了诸多遗憾。碰到这种情况，家长就可以编这类故事，来改善孩子的行为。

蜜蜂和牡丹

　　小小的村庄里住着一只蜜蜂和一株牡丹。村民很喜欢它们。每天，蜜蜂都忙忙碌碌地去传粉。当人们劳累了一天后，看到婀娜多姿的牡丹，也能解除一天的疲劳。

　　人们总是赞美牡丹姿态优美，端庄典雅。听到这些夸奖，牡丹很骄傲，它傲慢地说："蜜蜂，你会开花吗？"蜜蜂谦虚地回答："我不会开花，牡丹。""我就知道你不会开花，没用的东西！"牡丹带着轻蔑的口气说。蜜蜂争辩说："我确实不会开花，但并不是没用。我们都是为村民服务的，并不需要比较。说到为村民服务，我不见得比你差。再说……"牡丹生气了，大声地说："住嘴！总有一天，我要让村民把你赶出去。"蜜蜂说："我们还是和睦相处吧！有什么可吵的呢？"蜜蜂不再理会牡丹，独自走了。

　　蜜蜂与牡丹的作用不同，但各有优势资源。其实，每个人都有其存在的优势资源，家长要引导孩子努力寻找他们身上所具备的各种特点，去接纳对方的存在。

　　从此以后，牡丹就不断地在村民面前说蜜蜂的坏话："它连一朵花都不会开，就会每天嗡嗡嗡地飞来飞去。"村民们说："也是，蜜蜂就会嗡嗡嗡地飞来飞去，打扰我们平静的生活！"

　　终于有一天，村民们听信了牡丹的话，觉得蜜蜂很讨厌，就把它赶走了。蜜蜂走了，庄稼只开花却再也不能结果了。原来的美好生活顿时一去不返。这时的人们恨透了牡丹，谁也不愿意去看它了。

牡丹恍然大悟，觉得自己不应该骄傲。每个人都有长处和短处。如果它能和蜜蜂相互团结在一起为村民服务，那么村民才会更喜欢它。

于是，牡丹找回了蜜蜂。村庄里又恢复了往日的快乐。

> 村民就代表着一个家庭中的家长身份，而蜜蜂与牡丹则是家中的两位具有明显差异的孩子。孩子们的爱好不一样，脾性也不一样，于是在一起时，矛盾便常会发生。作为家长要无条件地接纳孩子的不同，同时也要引导孩子看到其他孩子的优点，这不仅能营造和谐的家庭氛围，还有利于孩子和其他孩子建立良好的伙伴关系。

燕子、麻雀和老鹰

> 当孩子在成长过程中有了"公平"意识时，他回家后往往会述说自己在幼儿园或在学校里受到不公平之事，这时家长朋友可以通过与孩子一起编个故事，来启发孩子如何正确地面对这些问题。因为大部分孩子都喜欢故事，会在故事里不知不觉地吸收养分，这也是编故事的价值与意义所在，所以家长朋友就要把与孩子一起编故事这件事提上日程。

燕子和麻雀是好朋友，它们经常一起出去觅食吃，不管是田间地头，还是房前屋后，总是形影不离。

可是有一天，燕子像往常一样来约麻雀一起去捕食昆虫，却发现麻雀和平时不太一样。燕子关切地说："麻雀，你生病了吗？要不我带你去看医生吧？"

麻雀只是低着头，说："我不想和你一起捕食了，你自己去吧。"

燕子感觉很奇怪，心想自己没做错什么呀，便继续问道："为什么啊？"

麻雀说："我和你一样捕食昆虫，为民除害。人们对你极尽赞美之词，把你写入诗中，画在画上，而我，竟然被列入'四害'，甚至有时候还要遭到人们的轰赶，掏窝，捕杀。这样太不公平了！"

燕子说："何必那么在意别人的态度呢，我们做自己该做的事情，问心无愧就可以了……"

可是，不管燕子怎么苦口婆心地劝导，麻雀就是不肯去，燕子只好自己飞走了。

说来也巧，燕子刚飞出雀巢，麻雀就见天上的一只老鹰朝着燕子一个俯冲下来。麻雀连忙呼喊，燕子总算躲过了一劫。这时，很多伙伴也飞过来一起把老鹰赶跑了。

一场虚惊之后，麻雀也想了许多。它不再在意人们对它的错误评价，高兴地和燕子一起去捕食害虫了。

孩子对他人的各种评价往往很在意。当家长无条件地接纳孩子，并让孩子内心获得足够的安全感时，他们对他人的负面评价就没那么在意了。有一句话说得好："当一个孩子从小充分享受

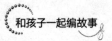

母爱时，一生中都充满着自信。"

慷慨的老母鸡

目前家庭里的孩子大部分是独生子女，针对独生子女的良好教育是需要家长认真思考与对待的。如独生子女家庭里的孩子往往受到过多过好的个人照顾，满足了孩子以自我为中心的各种欲望，对培养孩子的慷慨大方性格与学会分享的能力往往有所忽略，从而导致孩子无法养成良好品格。这时，家长一旦发现幼小的孩子存在这种现象，就可以通过所编的故事给予启发与引导。

鸡窝里住着七八只鸡，其中有公鸡也有母鸡。每天早上天不亮，公鸡就早早地起床了，只见他飞上高高的树枝，大声地唱着《起床歌》："喔喔喔，喔喔喔……"母鸡听到公鸡的歌唱，也走出鸡窝，开始新一天的生活了。

故事编到此处，家长可以用自己的声音模仿公鸡的歌唱，这样将把孩子逗得直乐，良好的亲子关系在快乐的歌声中得以建立。

她一边慢慢地踱着步子，一边低着头专心致志地找吃的，很快便在院子里发现了一堆玉米粒儿。

这时，老母鸡并没有只顾着让自己吃饱，"咯咯咯……"她冲着其他的鸡高声地叫了起来："大家快来啊！这里有好多玉米粒儿呢，咱们一起吃吧！"

听到了她的呼喊，朋友们不一会儿就都跑了过来，一边吃玉米粒儿一边向叫他们过来的老母鸡表示感谢："谢谢你叫我们一起来吃早餐，这么饱满诱人的玉米粒儿可真好吃啊！"哈哈，看到了吧，老母鸡多慷慨啊！

等吃得差不多了，老母鸡悄悄地走回鸡窝，过了一会儿她又大摇大摆地走出来了，瞧！她用嘴巴理了理自己的羽毛，然后昂起头，扯着嗓子叫起来："咯咯咯，咯咯咯……主人，主人，我又下了一个蛋，你快点来捡回屋里吧！"

哈哈，老母鸡不仅慷慨，还很能干呢！

昆虫选美

一年一度的选美比赛开始了，各种各样的昆虫聚在了花丛间。

一只蝴蝶慢慢飞过来，她扇动着五彩的翅膀，好像仙子在翩翩起舞。看到从旁边飞过来的蜻蜓，蝴蝶说："噢！是蜻蜓，你看看你多丑呀，还敢来参加比赛，我肯定是这次比赛的赢家。"说完后，她得意地飞走了。

> 故事中的蝴蝶可比作孩子，虽说童言无忌，但从孩子嘴巴而出的话语仍会对他人造成伤害。在心理咨询过程中，非常强调真

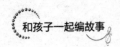

诚不等于实话实说。不过，对儿童来说，这是不容易掌握的。

蜻蜓非常伤心，她低下头看了看自己。在阳光下，她的身子发着青绿一般的颜色。她想："蝴蝶那么高贵，有气质，而我像一片枯叶一样丑。唉！比赛肯定赢不了。"

就在蜻蜓准备离去的时候，主持人公布了此次比赛的评选原则："这次比赛不仅要比外表美，更注重心灵美，比的是实力，大家都听明白了吗？"这番话增加了蜻蜓的勇气。

比赛的第一天，乌云滚滚。一只小蜜蜂躲在一片叶子底下，雨点滴落在她的翅膀上使她无法动弹。蝴蝶看见了，她想去救蜜蜂，但又担心弄脏了自己美丽的衣裳，始终没有展开翅膀！

蜻蜓看见身处危险中的蜜蜂，不顾雨点的危险，用她那双翅膀包住了小蜜蜂。到了第三天，雨慢慢停了，一只小花蝴蝶看见了奄奄一息的蜻蜓和小蜜蜂，急忙把她们送往森林医院。在医生的抢救下，她们才脱离生命危险。

小蜜蜂把这感人的事情传播出去，越传越远。投票那一天，森林里的动物们把选票都投向了蜻蜓。这只像树叶一样的蜻蜓成为了这一年森林里最美的昆虫！

冬天的小鱼

当家长想让孩子明白一些科学常识及人生道理时，若通过故事的方式与孩子作沟通与交流，常常会收到意想不到的效果。如这则《冬天的小鱼》，仅仅通过小故事就把小鱼为何能在冰下生活所蕴含着的道理阐述清楚，故事的力量真是不可低估。编出一个好的故事，可能会点亮孩子的智慧人生。

寒冷的冬天到了，一场大雪把外面变成了白色的世界。树上"开"满了白色的"花"，地上也铺了厚厚的一层。小猪恒恒早早就起床了，他最喜欢在雪地里玩了，脚踩在地上就会发出"吱吱吱"的响声，恒恒觉得就像美妙的音乐一样动听呢。

恒恒边跑边玩，不一会儿就来到了小河边。"咦？小河怎么不见了？"

他扒开厚厚的积雪，发现河水都变成了冰，恒恒连忙呼唤他的好朋友小鱼："小鱼，小鱼，你到哪里去了？我怎么看不到你了？"

小鱼好像没有听到一样。恒恒心想，小鱼不会是被冻死了吧？恒恒被自己的想法吓了一跳，他急急忙忙回家找来工具，在河面上凿了个大窟窿，又探进头去大声呼喊起来："小鱼，小鱼，快醒醒啊！"

小鱼的眼睛转了转，奇怪地问："恒恒，你在干什么呢？"

恒恒说："你快被冻晕了吧？我来救你出去。"

小鱼听了哈哈大笑起来："河上这厚厚的冰面就像一面大挡风玻璃，把外面的寒冷都给挡住了。所以呢，冰层下面的水并不是很凉的，我们生活在里面，一点儿也冻不着。"

恒恒后悔地说："可是，我现在把冰面凿开了，怎么办呢？"

小鱼说道："没关系，到了晚上气温下降，河面就会重新被冻住的，现在我正好可以晒晒太阳呢！"

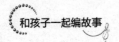

　　把一些科普知识编到故事里传授给孩子，孩子自然就很愿意去探究它。家长平时要多积累一些科普知识，如我常常阅读《十万个为什么》系列图书，在把这些知识消化吸收后，再通过和女儿豆豆一起编故事教给她。这种通过编故事来达到教育目的的方法也是符合孩子的身心发展规律的。据我多年的体会，我认为这种教育的效果相当不错。

小鲸鱼找鱼鳃

　　蔚蓝蔚蓝的海底，住着一群小精灵，他们是小金鱼、小鲤鱼、小鲫鱼、小鲸鱼……他们和睦相处，过得既开心又自在。

　　孩子对小精灵所在的世界充满充满着无限的想象。故事一开头，就把孩子带入这样一个神奇的世界里。如果在编故事时，加上相应的某种小精灵道具，让孩子带上道具来边编边演故事，那将是多么其乐融融啊！

　　有一天，小鲸鱼看到小鲤鱼身上有两个像贝壳一样的东西在一上一下，忽闪忽闪的好像孩子在眨眼睛。他好奇地问小鲤鱼："哎！小鲤鱼，这两个忽闪忽闪的东西是什么啊？"

小鲤鱼对小鲸鱼说：“这是鱼鳃啊！没有它，我们鲤鱼就无法呼吸了，最后窒息而死。”

“是吗？好神奇啊！”小鲸鱼一脸的向往。

“小鲸鱼，你不会没有鱼鳃吧？我们可是都有的。”小鲤鱼问道。

“是啊！我有！”小金鱼说。

“我也有！”小鲫鱼也附和着。

“我有！”“我也有！”……

看到小伙伴们都有鱼鳃，小鲸鱼赶紧查看自己的身体。左边，没有；右边，没有；后面，没有；前面，也没有。小鲸鱼急出了一身汗，可是还是没有找到伙伴们口中的鱼鳃。

“小鲸鱼，是不是你妈妈把你的鱼鳃放到家里了？”小金鱼提醒道。

对啊！小鲸鱼的妈妈可是出了名的打扫能手。一想到这里，小鲸鱼匆匆忙忙地告别了伙伴们，向家里游去。一回到家，他就着急地找起来。

鲸鱼妈妈从外面回来，看到小鲸鱼着急地找着什么，便问道：“孩子，你在找什么呢？”

“妈妈，您可算回来了。我的鱼鳃呢？小伙伴都带着鱼鳃，您把我的鱼鳃收到哪里去了？快给我吧！”小鲸鱼急忙向妈妈要鱼鳃。

听完小鲸鱼的话，鲸鱼妈妈笑了。她摸着小鲸鱼的头说：“我们鲸鱼是哺乳动物，是没有鱼鳃的。”

“可是，那我们用什么呼吸啊？”小鲸鱼担心地问道。

“我们有肺啊！它藏在我们的肚子里呢！”鲸鱼妈妈说道。

“原来是这样啊！我要去告诉伙伴们，我们是用肺呼吸的。”小鲸鱼笑着对妈妈说。

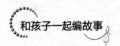

在给3~4岁孩子编故事时，丰富的对话对提升孩子的语言表达能力将非常有帮助。孩子在3岁左右可以掌握人类母语的一大半以上，所以给孩子编故事时要有更多的语言对话的元素，从而提升孩子的语言沟通能力。

海蚌妈妈的礼物

在幽深的海底，慈祥的海蚌妈妈对着小海蚌们说："孩子们，张开你们的嘴巴，妈妈要送给你们一个珍贵的礼物，你们可要小心地收好了啊！"

小海蚌们纷纷张大了嘴巴，等着妈妈的馈赠。只见蚌妈妈拿出了很多沙子，然后一颗一颗地放在了小海蚌们的嘴巴里。沙子硌得嘴好疼啊，有的小海蚌忍不住疼痛偷偷地把沙子吐了出来。只有最小的那只小海蚌紧紧地用嘴巴含住了那粒沙子。

小海蚌们长得很快，过了一段时间，有的背上就长出了美丽的花纹，有的身体十分匀称，而最小的小海蚌却又小又丑。她们慢慢地离开了海蚌妈妈的怀抱，到大海的深处安了家。

海里的生活很平淡，海蚌姐妹时不时地偷溜到沙滩上玩，人们可喜欢她们了。在软软的海滩上，人们拾起来那些美丽的贝壳，一遍遍地抚摸着她们的身体，谈论着那些花纹。只有最小的海蚌记住了妈妈的话：外面很危险，从来没有出去过。她用嘴巴小心地含着那粒小石子，即使有时硌得她疼得直掉眼泪，她还是一直没有丢弃海蚌妈妈的礼物。

> 为了追求更大的目标，获得更大的价值，需要付出一定的代价，克服眼前的困难，最终达到可喜的目标。这些道理通过故事让孩子在潜移默化中去慢慢领会。

日子过得很快，一个波涛汹涌的日子，最小的海蚌被波涛冲到了海滩。几天过去了，一个顽皮的小男孩看到了她，便把她带回了家，小男孩的爸爸从她的嘴巴里取出了一个硕大的珍珠。日渐干涸的小海蚌终于知道了妈妈馈赠的这份礼物的含义。

那粒珍珠圆圆的，闪着温和的光泽，真是漂亮极了。

小男孩一家用这颗珍珠救了男孩重病的妈妈。

而那些没有听妈妈话的小海蚌们，则一个一个地风干在海滩上。不时地，游人把她们拾起又丢弃。她们露出美丽的花纹，日复一日地期待着被人们带走。

> 对于出生于家庭环境较好的独生子女来说，父母给他们创造了一帆风顺、无忧无虑的生活与学习环境，却没有注重对他们的抗挫折能力的培养。这类孩子一旦遭遇困难与挫折，往往就会束手无策。其实，良好意志品质建立将使孩子的一生受益无穷。这则《海蚌妈妈的礼物》故事对家长与孩子来说，无疑是高营养的"心灵鸡汤"。

新鲜果蔬篇

小黄瓜长蛀虫

我女儿在上幼儿园期间，看到小朋友吃各种各样的糖果，也禁不住诱惑，想吃糖果。作为家长不能完全不让孩子品尝一点，毕竟味觉能力的提升需要一定的相应刺激。只是对吃糖果的量要有所控制，做到适可而止。后来，女儿有一段时间吃起来没够，我就找了一个时间跟孩子编了这样一个故事。女儿每次要多吃糖果时，我就会提一下《小黄瓜长蛀虫》的故事，聪明可爱的女儿这时就非常识趣地停止索要了。可见，编一个故事有时胜过长篇大论的说教。

菜园里，长着黄瓜一家，它们其乐融融，开心地生活着。

小黄瓜是全家的掌上明珠，家里总会时不时地给它买好吃的，每到这个时候小黄瓜就可开心了。在所有的零食中，小黄瓜最喜欢的就是糖果了。糖果甜甜的，像蜜一样在嘴里流淌，让小黄瓜的心情好得不得了。

于是，小黄瓜没事就喜欢吃糖果，巧克力味儿的，菠萝味儿的，草莓味儿的……它都喜欢。从早上到晚上，它的嘴就没闲过，吃了好多好多各种各样的糖果。

妈妈让它不要吃太多，它答应得好好的。可是等妈妈一去忙别的，剩下它自己一个人的时候，它还是挡不住糖果的诱惑，偷偷地放了一颗在嘴里。吃完了一块，它又想再多吃一颗也没事，于是就又吃了一颗。就这样，虽然妈妈提醒过它很多次，可它还是吃了很多糖果，而且心里还偷着乐呢。

有一天清晨，小黄瓜哭着去找妈妈了。它一边哭，一边说："妈妈，牙疼，我的牙疼……"

黄瓜一家被它哭得懵了，一个个不知所措。

于是，小黄瓜的妈妈急急忙忙地带着小黄瓜去看森林医生牛伯伯了。

牛伯伯检查完，问小黄瓜："你是不是吃了很多糖果啊？瞧，都长蛀牙了！"

小黄瓜低下了头。

牛伯伯给小黄瓜治好了蛀牙，并嘱咐它以后不要吃太多的糖果。

小黄瓜再也不多吃糖果了。

 蔬菜比赛

这个题目就足够吸引孩子的眼球，吊起孩子的胃口。孩子们

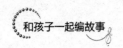

> 充满着期待与困惑，心里会情不自禁地想："蔬菜怎么比赛啊？
> 只听过动物比赛啊？"

"注意了！注意了！明天蔬菜大比拼，地点在森林大厅，欢迎大家观看！"森林深处，小黄鹂播音员用悦耳的声音，一遍一遍地广播着这个消息。

说起这个蔬菜大赛，就不能不提风靡全林的动物大赛了。这些年，森林里的动物比赛已经开办了很多年了，运动会、比美会、歌唱会……真是应有尽有。那些获得奖牌的动物们那个骄傲啊，俨然成了森林里的"奥运会冠军"。可是，蔬菜们空有满腹的才华，却无法在赛场上一比高下，只能眼睁睁地看着那些动物获得荣誉，心里那个羡慕啊！

于是，在今年早春动员会上，蔬菜们一致要求召开蔬菜比赛，最终通过了森林议会的同意。蔬菜们那个高兴啊，一个个摩拳擦掌，踌躇满志地准备在赛场上一展风采。

蔬菜比赛如期开始啦！铜锣一响，比赛正式开始！

西红柿首先登台了！在阳光的照射下，它们变得鲜艳欲滴，像一个个火红的大灯笼，也像一个个调皮的孩子。"大家看看！我们西红柿多么漂亮！"

话音刚落，辣椒不服气了，"要说这漂亮，我们辣椒也是久负盛名的啊！我们还能增进人们的食欲呢！"一串串青色、红色的辣椒挂在绿色的茎叶上，在微风中摇曳，像一个个发出红光、青光的红宝石、青宝石，它们望向了裁判台。

没等裁判说话，黄瓜耐不住性子，说道："现在都流行减肥了，谁不知道我们才是减肥的最佳食品啊！"说着，它们摇动了一下自己纤长的身子，骄傲极了。

"光减肥对身体可不好啊！均衡饮食才是对的。"苦瓜也站了出来，"人生苦辣酸甜，都要品尝的。只吃一种蔬菜对身体可是不好的，只有注意搭配，才能获得更好的身体。大家觉得呢？"

苦瓜的话音刚落，大厅里便响起了一片附和声："是啊！说得好！说得对！"裁判台的评委也不住地点起了头。

随后，豆角、土豆、葱头等蔬菜也纷纷上台展示。

夜幕降临，选手都展示完毕了。评委们一致通过苦瓜是冠军。苦瓜捧着奖牌，笑得脸上堆起一道道小沟。

水果家族舞会

> 在与孩子编故事时，有时，家长只要给出一个题目，或者给出一个或几个孩子生活中常见的物品（关键词），孩子就会展开丰富的想象，编出让家长感到惊奇的故事来。每个孩子都是一块宝藏，蕴含着非常巨大的潜能。

水果家族要举行一场别开生面的舞会，大家都积极响应号召，准时来到了现场。

音乐一起，老搭档荔枝先生和杨梅小姐就一起步入了舞池，开始翩翩起舞。紫色的葡萄和红樱桃配合得也很默契，滴溜溜地转。大鸭梨先生也

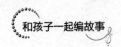

想跳舞，他一眼就看到了金黄色的芒果姑娘。于是他彬彬有礼地对芒果姑娘说："我们来跳一曲吧！"芒果姑娘却婉言拒绝了。大鸭梨很不好意思，转头向猕猴桃小姐走去。对于大鸭梨先生的邀舞，猕猴桃小姐心直口快地说："对不起，大鸭梨先生，你对水果有催熟作用，你体内散发出的乙烯会让我加快腐烂的。"

眼看着大家跳了一曲又一曲，大鸭梨却还没找到舞伴，他急得汗都出来了。他望着独坐一旁的涩柿子姑娘决定再尝试一次，没想到涩柿子姑娘高兴地答应了。她和大鸭梨一起步入了舞池。大鸭梨问："她们都不愿意和我一起跳舞，你为什么不嫌弃我呢？""我还没有熟透，你散发的乙烯气体，会使我加快成熟，变得又甜又软。那些已经成熟的水果就只好远离你了。"

"原来是这么回事啊，刚才我还以为是自己长得太胖了呢。哈哈，看来我不用减肥了。"涩柿子姑娘也笑了起来。

> 通过所编的故事，让孩子明白人际交往的一些原则，如互补原则。同时，也让孩子体会到这样的一个道理，不要期望所有人都能对自己好或接纳自己，自己也无法做到对所有人好或接纳所有人。

西红柿生病了

菜园里可热闹了！看，豆角爬了一地，长长的，白白的，有点像小白蛇。

辣椒抬着头望着天，好像在思考什么。韭菜绿油油的，长满了一畦，还时不时地和蝴蝶捉迷藏呢。哎，奇怪了，平时最活跃的西红柿跑到哪里去了？

"小辣椒，你知道西红柿跑到哪里去了吗？"豆角问抬着头的辣椒。

"不知道啊，我今天一直没有看到它，还以为去找你玩了呢。"辣椒回答道。

"没有啊！韭菜，你知道吗？"豆角转过头问玩耍的韭菜。

韭菜回过头来，对豆角说："啊？我也不知道。"

"咱们去看看西红柿吧！"豆角提议。

"好啊！"大家都同意了，于是很快就来到了西红柿的家。它们这才知道，原来西红柿生病了：本来红扑扑的笑脸已经变得蜡黄蜡黄的，绿绿的叶子也蔫了，眼窝深陷没有一点儿光彩，西红柿真的好憔悴啊！

"西红柿，你生病这么严重了，怎么不去看医生啊？"韭菜问道。

西红柿咳嗽了一声，说道："我……我害怕。"

"你有什么害怕的啊？"辣椒不解地问。

"我特害怕打针输液，好疼的。"一边说着，一边可怜巴巴地望向一边的豆角。

"哈哈！……"大家被它的样子逗乐了。

"可是生病了就要看病啊，只有这样才能快点好啊。你看你现在是不用打针输液，但是不是更难受呢？勇敢一点儿，你的病马上就能好了。"豆角劝道。

> 这段话有明显的大人说教的味道，出发点是好的，只是对孩子来说不一定能接受。所以与孩子做沟通时，要先动之以情，再

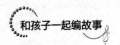

晓之以理，孩子才有可能有更充分更容易地接纳。编故事中涉及到这类说教内容，家长朋友一定要小心处理。

"对啊！等你的病好了，咱们就一起捉迷藏、踢毽子！"一说到玩，韭菜又开始眉飞色舞起来。

西红柿不好意思地低下了头。后来，它去找农民伯伯治病去了。打针的时候，它的心一直揪着，可是等到打完针，它才发现原来打针根本没有想象中那么疼。

西红柿的病很快就好了，它开心地和大家玩起来。

小朋友们，如果生了病要及时看病哦！

蔬菜比本领

针对孩子出现挑食或偏食现象，如不爱吃某些蔬菜时，这时可以把孩子不爱吃的蔬菜编入一个故事中，利用故事的神奇魔力，结合孩子爱听故事的特点，达到相应的教育目的。这往往比单纯说教效果更佳。当然，家长要有相当的耐心，培养孩子科学合理的膳食结构绝非一日之功，有时，也需要父母的榜样作用。

夏天一到，各种蔬菜便赶趟儿似的前来报到了。

胡萝卜清清嗓子做起了自我介绍："大家好，我叫胡萝卜，你们看我穿着橙色的外衣，不仅外表漂亮，而且质细味甜，脆嫩多汁，还能增强人体的免疫机能呢。"

苦瓜说道："我虽然有些苦，但食用时味苦性凉，爽口不腻，有清心开胃的效果，而且我不会把苦味传给别人，人们给我取了个别称叫作'菜中君子'。"

紫色的圆茄子也来凑热闹了："听你们说得这么起劲儿，我也来凑个热闹。我的体内所含的硒比其他蔬菜要高。硒具有抗氧化作用，能提高免疫力，对人体有防病、抗衰老作用，另外我还可以抗癌呢。"

红红的西红柿听到了伙伴们的谈论，也插了一句："我含有丰富的营养素，不仅能降血压、保护心脏，还能美容瘦身，护眼明目哦！"

洋葱接过话头："大家别忘了还有我呢，我也算是一种保健食品了，降血糖、祛痰、利尿、发汗、预防感冒，咱的功能可不少啊。"

竹笋给大家来了个总结发言："伙伴们，人类培育了我们，我们就要在炎炎的夏日给人们带来清凉和健康，多姿多彩的我们也是夏季不可或缺的亮丽风景呀！"

> 从各种蔬菜身上，我们看到了每种蔬菜的价值所在。以此类比，每种蔬菜如同每个孩子，在孩子身上也具备无人替代的价值。在父母的心目中，要相信每个孩子都是独一无二的，孩子身上潜藏着巨大的宝藏。

奇妙自然篇

春姑娘叫大家起床了

孩子在刚入小学时，常常会有睡懒觉的不良习惯，用"春姑娘叫大家起床了"这个题目对孩子来说显得较为贴切与自然，同时也与"一年之计在于春，一日之计在于晨"作了巧妙的联系。

整整一个冬天，天气都好冷啊！天上还时不时下起大雪，雪花好美好美，落在身上凉滋滋的，舒服极了，于是植物们都在北风的催促下沉入了冬天的梦乡。

冬去春来，万物该复苏了。春风已经吹了一段时间，可是植物们还是沉沉地睡着，做着冬日的美梦。看，杏树还没有开出娇嫩的花朵，麦苗还没有露出脑袋，小河依然冻得很结实……这下可把春姑娘急坏了。

于是，春姑娘决定登门去叫大家醒来。

她乘着春风来到了果园，她轻轻摇了摇杏树的枝头，对她说："杏树妹妹，起床了！"

杏树悠悠地醒来，等她睁开蒙眬的睡眼，看到了春姑娘，不好意思地说："看我，忘了时间了！"说着，几片害羞的红晕飞上了脸。

春姑娘来到了田野里。她拍了拍麦苗的头，对他说："麦苗弟弟啊，起床了！"

小麦苗打了一个激灵，对春姑娘说："瞧我，居然误事了！这个懒觉啊，看来以后是不能睡了！"说到这里，他还用手挠了一下头。

春姑娘又来到了小河边。她用头发给小河挠痒，小河被弄得直笑，她对小河说："小河哥哥，起床了！"

小河早已经睡意全无了，他用融化的河水和春姑娘嬉闹起来。

春姑娘又去了森林、大海、山峰……最终大家都被叫起来了，大地又是一片欢歌笑语。春姑娘开心地笑了。

　　每当孩子出现睡懒觉的行为时，家长朋友可以多次编同样的故事来提醒孩子。据心理学上的研究，一个好习惯养成需要重复21次行为，才能被认同并内化，从而成为一种习惯模式。

月亮仙子学跳舞

　　一旦孩子编完了类似赏月亮的故事后，基于同样的以"月

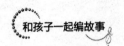

亮"为题材，家长也可以继续围绕这样的题材展开，这样有时候也会大大激发孩子的兴趣，跟家长来个创意大比拼。这也比较符合孩子喜欢带有竞争性的游戏的特征，此外家长也千万不要低估孩子的创造力。

最近，玉皇大帝突发奇想：为了促进神仙的和睦相处，下周末举行舞林大会，每位神仙都要到场参赛。这下可愁坏了美丽的月亮仙子。

月亮仙子无疑是天上数一数二的美人儿。无论遇到什么事，她都能含笑以待，她就像亭亭而立的荷花，高贵美丽。可是现在她却轻轻蹙着眉，满目愁容，仿佛什么都化不开她的愁绪。她温柔如水，寂静如海，遇事向来不慌不忙，这次怎么会这样发愁呢？太奇怪了！

原来，月亮仙子晚上忙着工作，以往从来没有参加过天上的舞会，从来没有跳过一支舞，这样怎么去参加舞会啊！想到自己可能会在舞会上出丑，月亮仙子的眉毛锁得更深了。

没有办法，月亮仙子决定拜师学艺，而老师就是英俊的白马老师。

"好的，转，幅度要小，好的，再来一遍……"白马老师推了一下金边眼镜，耐心地纠正月亮仙子的动作。

月亮仙子逐渐有了跳舞的感觉，舞步变得轻盈，身姿变得优美。

白马老师嘴边有了笑意，接着指导："做得好极了！听好节奏，好的，再来，再来……注意面部表情！"

经过几天的集训，月亮仙子的舞蹈有了很大的进步。

舞林大会的召开时间终于到了。月亮仙子穿着一套白色的晚礼服忐忑地走进了会场。

过了不久，她独舞的时间到了。她踩着轻盈的步伐迈进舞池，手指天边，翩翩起舞。只见她一会儿轻步曼舞像燕子伏巢，一会儿疾飞高翔像鹊鸟夜惊。那欢畅淋漓的舞姿，那优美娴熟的动作，那千般娇姿，那万般变化，似孔雀开屏，似莲花绽放，似飞龙穿梭。

一舞完毕，台下掌声雷动。

> 这则故事能够让孩子明白学习新的本领或掌握一门新的技能时，要有耐心。从不会到会，从会到娴熟是需要时间的，要学会理解并尊重客观规律，否则会出现欲速则不达的反效果。

小雨滴旅行记

春天来了，柳树阿姨慢慢地舒展身子，长出嫩嫩的芽；小草也悄悄地扯下身上的被子，怯生生地探出了头，注视着这个陌生的世界。大地不再荒凉，不再寂寞，到处莺歌燕舞、生机勃勃。

伴着隆隆的春雷，春雨带着微笑来到了人间，细雨轻洒，天地一片白茫茫的。

春雨妈妈一边跟随着风儿的脚步奔跑，一边微笑着嘱咐小雨滴们：
"孩子们！到最需要你们的地方去吧！"

"是！妈妈再见！"说着，无数的小雨滴落下来了。

然而，有一颗小雨滴却没有像其他姐妹一样着急地落到地上，它心里

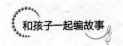

想，妈妈让我到最需要的地方去，那么哪里需要我，我就落到哪里！

"风伯伯，我想落到最需要我的地方去，您能载我一程吗？"小水滴对着春风请求道。

风伯伯笑了，看了一眼小水滴，说道："当然可以了。"

小水滴乘着风前行，不一会儿它便来到了一座楼房前。小水滴对着楼房说："楼房阿姨，你需要我吗？"楼房阿姨转过脸，温柔地对它说："谢谢你，小水滴！我不需要你，我怕雨水冲击，那会让我变得脆弱的。你去其他地方看看吧！"

没办法，小水滴继续前行。前面是一湾湖水，湖里有很多游鱼，它们一边吐着泡泡，一边自由嬉戏。站在湖边，小水滴轻轻地问："小鱼姐姐，你们需要我吗？""谢谢你，小水滴！我不需要你，你去其他地方看看吧！"游鱼回答道。

　　家长朋友在编故事时，可以设置一些曲折的情节，以吸引孩子的兴趣。不过在设置曲折情节时，要根据孩子的性格特点来确定次数。如这则故事中小水滴碰到楼房阿姨与小鱼姐姐后都被拒绝了。当然还可以再问其他对象或让孩子提供相应的对象，这样也会增加孩子编故事时的参与程度。

小雨滴失落极了，原来大家都不需要我啊，看来我太没用了。这样想着，小雨滴失落地、漫无目的地向前走去，很快便来到了一片麦田。

"小雨滴，你终于来了！我们都渴极了，你能帮帮我们吗？"麦苗们齐声对小雨滴说。

158

"当然了，"小雨滴高兴极了，"我这就来！"

于是小水滴兴奋地落到了麦田里。它也明白了原来最需要它的地方是田地。

🌀 水有力量

水很柔美，它轻轻流动，像一望无际的锦缎，飘向远方。

石头坚硬，它屹立在溪畔、湖边、海滩，那样挺拔。

人们纷纷赞美石头，于是温柔的水也一脸羡慕地对石头说："石头，你好，我也想和你一样坚硬，你能教我吗？"

"哈哈哈……当然可以！你看我，多么坚硬，多么漂亮！不过很辛苦的，你可不一定能学会啊！"石头一脸骄傲地对水说。

"我不怕辛苦！"水很坚定地答道。

于是，水便开始了学习。它一遍又一遍地冲击，一次又一次地奔跑。夏去冬来，一年很快过去了，可是它还是没有变成石头，它的腰肢依旧纤细，身姿依旧轻盈。看着自己这样没有成就，它只好硬着头皮再次去请教石头了。可是等它来到石头的家，突然发现石头不见了。

石头去哪里了呢？水找呀找，但是找了一天还是没有找到。

晚上，月亮姐姐露出了笑脸，看到忙忙碌碌的水，不禁疑惑地问："水，你在找什么呢？"

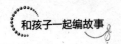

在编故事过程中，常常会有月亮姐姐、白云奶奶等来充当智慧的化身，让孩子在需要帮助时适时出现。在这一方面，家长在编故事时可以巧妙地加以借鉴与利用。

"月亮姐姐，我想请教石头一个问题，却找不到它了，您知道它去哪里了吗？"

听到这里，月亮姐姐点点头："我知道，半年前石头就已经被冲蚀了。"

"啊？不会吧，石头那么坚硬，怎么会被冲蚀了呢？"水一脸不相信。

"呵呵，"月亮姐姐望着它，笑着说，"这就是你做的啊！水滴石穿啊！"

水这下明白了，原来自己虽然外表柔弱，其实却比石头还坚硬。

从此以后，水再也不想变成石头了。

孩子在5~6岁时开始对他人产生关注，往往在孩子之间存有许多不由自主的攀比现象，有时会拿自己的短处或弱项跟他人来比，从而产生对自我价值的否认。这时，家长可以通过编一个故事，让孩子明白不要过于攀比他人，自己就是一个独一无二的存在，每个孩子都是有价值的。家长要无条件地接纳自己的孩子，这会大大减少孩子的攀比心理。如果家长在这方面能身体力行，不攀比不虚荣，那么结合故事的教育对孩子的正面影响会更大。

🐚 离家出走的小石头

小石头是个聪明的孩子。他已经能读出很棒的英语了，还认了很多很多的生字呢。

有一天，石头爸爸一时兴起，把小石头叫到了身边，对他说："孩子，这边有一张英文报纸，你给我读一下！"

"是，爸爸！"小石头听话地拿起报纸读了起来。

"停，停！怎么回事？怎么读得这么慢？"石头爸爸有点儿不高兴了。

"我……我有的不认识……"小石头吞吞吐吐地说道。

"是不是没有好好学习啊？"石头爸爸生气了，从沙发上坐起来走了出去。

小石头越想越委屈，他忍不住哭了起来。可是他担心爸爸回来看到他生气，于是便躲了出去。

> 在中国目前应试教育的主流文化影响下，家长对孩子的学习成绩方面就显得过于焦虑了，一旦某次在学习知识方面表现不符合家长期待或要求时，家长很容易给孩子贴上一个不好好学习的标签，这样的判断可能是对孩子的一种误解，从而出现亲子关系的紧张。在这里提醒家长注意的是，家长要用一颗平常心去面对孩子偶尔出现在学习上的波动。

石头离家出走了。这下可急坏了石头爸爸、石头妈妈，也急坏了森林

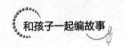

里的小伙伴。

石头妈妈一边抹着眼泪，一边数落石头爸爸："都怪你，看，孩子都走了。"

石头爸爸低着头，也伤心得不得了。

大家齐心合力，找呀找，最终在柳树下发现了蜷缩着身子睡觉的小石头。

石头妈妈马上奔过去，把小石头抱在了怀里，哭着说："可找到你了，你知道吗，你都把妈妈急死了！"

小石头醒来，看到了妈妈，笑着扑进了妈妈的怀抱。

小石头心里想，我再也不离家出走了！

> 故事编到这里时，可以跟孩子进行一番探讨，引导孩子认识到离家出走这种行为是非常不可取的，不仅会给孩子本人带来伤害，也会给家长带来伤害。在面对委屈时，选择可替代的良性方式去面对及处理，如直接跟父母沟通，把自己的委屈用理性的方式表达出来。

比一比，谁最大

> 孩子对于有关竞争内容的主题，如"比一比，谁最大"，往往较感兴趣，十分符合孩子内心的竞争想法。家长朋友在编故事

时，根据自己孩子的性格特征，不妨多加运用。

在一块石头缝里，冒出了一眼清泉，渐渐地泉水汇成了小溪。每天，小溪都快乐地在水渠里玩。

有一天，天气忽然变了，满天都是乌云，不一会儿，一场大雨倾盆而下。小溪里涨水了，小溪忽然觉得自己是世界上最大的水源了，就得意扬扬地对路边的人说："我是世界上最大的水源了。"这番话被正在乘凉的大树爷爷听见了，大树爷爷笑眯眯地说："比你大的水源还有哩，你去找河流哥哥看看吧！"小溪决定去找河流。它走了很长的路程，终于来到了河流边，小溪得意地说："河流哥哥，我和你比一比谁的水大吧！"河流答应了，小溪抖了抖身子，水流淌过水渠几百米以外的地方就停了。河流看了看，说："看我的吧。"河流抖了抖身子，不一会儿工夫，水就流到水渠几千米远的地方。小溪看见了，自叹不如地说："河流哥哥，原来你才是世界上最大的水源啊。"河流说："我不是，大海才是世界上最大的水源。"

几天以后，小溪与河流结伴而行来到海边，看见了一望无际的大海，小溪都惊呆了。河流说："大海才是世界上最大的水库呢。"大海听了亲切地说："谢谢你们，我本来不是很大，是因为你们无私地给我提供了丰富的水源，我才这么广阔，要不然我可能早就成了一片荒凉的死海了。"

听了这一番话，小溪、河流懂得了一个道理，团结起来才有力量。从此，他们三个就成了形影不离的好朋友。

面对孩子的自负与目空一切，家长与其苦口婆心地对孩子进行一番说教，不如和孩子一起编一个故事，让孩子通过"小溪"

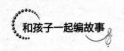

与"河流""大海"比一比谁大来体会。家长要相信孩子的理解与领悟能力。陪伴孩子成长过程中，需要家长的"热心、耐心、专心"。编一个故事后还可以编第二个、第三个故事。

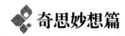

奇思妙想篇

家庭用品大争功

张阿姨家里收拾得可干净了！这不，趁着张阿姨出去买菜，客厅里的清洁用具们开始了"争功"大战。

扫帚抬起头，扫视了一下收拾得干干净净的房间，不无骄傲地说："这个家这么干净整洁可是多亏了我，要不是我，还不知道乱成什么样子呢。"说完，它那个得意啊，就连胡子都好像要翘到天上去了。

听到这句话，吸尘器不干了，它挺了挺细细的腰杆，对着扫帚说："现在都是什么年代了，您都成了老黄历了。谁不知道，现在我才是清洁的主力军呢。"

"是啊！但是不管是你们谁，你们都离不开我啊，要没有我，你们收的垃圾怎么往外弄啊？"簸箕不甘示弱地加入战团。

"说到放垃圾，"角落里的垃圾桶笑着说道，"我可是家家必备的存

165

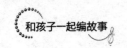
放垃圾的用品。"不经意地，它用讥笑的眼光看了簸箕一眼。

"垃圾还是要靠我们扫帚扫！"

"清洁还是要靠我们吸尘器！"

"让这个屋子变得这么干净的最大功臣还是我！"

……

客厅里的清洁用具们炸开了锅。

> 在这里也可以继续编下去。我与女儿一起编故事时，常常用女儿特别爱玩的或特别喜欢的玩具作为编故事的题材，这样她就会感觉到特别亲切与自然，大大激发了她参与编故事的热情，更能激发她的想象力。

突然，"吱吱"的开门声传来了！张阿姨带着微笑从外面走了进来，她对清洁用具们说："这个家的干净是离不开大家的贡献的，你们都是咱们家的功臣。"

听到张阿姨这么说，清洁用具们都不再争吵了，它们下定决心要帮张阿姨更好地收拾房间。

发卡旅行记

我是一个漂亮的猫形发卡，小猫正在熟睡呢，听，它还在打呼噜呢。

我的小主人走路的时候，我便和她头上的皮筋聊天，想起来，那真的是一段神仙般的日子。

可是不知道怎么回事，有一天小主人忘记戴上我了，我便开始了一段旅行的日子。

> 孩子在成长的过程中会经历3~5岁的人生第一反抗期与青春期阶段的人生第二反抗期，这时随着孩子自我意识的渐趋增长，孩子就会跟母亲进行"心理断乳期"的挣扎，希望挣脱母亲的怀抱到世界各处去旅行与探险，他们对世界充满着好奇，然而却对旅途中的各种风险无法做到预估与相应的准备。

一个硕大的手向我袭来，我惊叫着往后躲，但是还是被抓了个正着。眼前猛然一黑，我被丢进了一个黑房子里，这里好黑啊，我蜷缩在角落。"哎！你是谁啊？"一个黑黑的发卡奶奶走了过来，惊讶地问我。"奶奶你好！我是小主人刚买的发卡，却不知怎么回事来了这里，您能告诉我吗？"我问道。老奶奶叹了一口气，领着我去了她的家，那里好暖和，地上铺着锦缎般的眼镜布，几本高大的书山垒成了一个坚固的城堡，真是金碧辉煌。我东瞧瞧，西看看，好奇得不得了。"你先在这里住下吧！"老奶奶转过头来对我说。

"好！"我还没来得及道谢，只见天好像一下子亮了，外面世界的样子显得那么清晰。我一声惊呼，就被拎了起来，丢进了一个软软的、黑黑的方盒子。这里不像黑房子那么黑了，隐隐约约地透进来了些光亮。这里真的好软啊，像妈妈的怀抱似的。不过，这里好危险啊，黑盒子上上下下地颠簸着，好像随时都会发生地震。突然，一串钥匙闯了进来，它霸道地对我说："给我让开点！"我气愤极了，又不想和它吵架，便离它远远的。一块手绢过来了，它变成了条毯子给我坐，我们一起开心地聊起了天。

突然，黑盒子的天窗再一次被打开。我们两个正期待着别的新伙伴的加入，却不料我又被抓了出来。我正想恶狠狠地质问这个坏家伙，一回头却发现我的小主人正在高兴地看着我呢。她把我轻轻放在手里，对我说："你这一天跑到哪里去了？说！你是不知道，我都找了你一整天了。"

> 孩子在成长过程中，需要自己亲身去体验发生在他身边的人情世故与周遭变故，这一点家长是无法替代的。在尽量做到风险最低化后，家长要勇于让孩子独立去体会生活中的五味，这样就能更有效地培育孩子的独立能力及抗挫折能力。

于是，我又被戴在了小主人的头上。

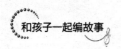

杯子和水

桌子上放着一个杯子。看它！它有着纤细的身体、深红的盖子和一个黑色的塑料把手。它轻轻地甩了一下自己美丽的头发，觉得自己美丽极了！主人可喜欢它了，每天都要拿着它玩一会儿，杯子渐渐地骄傲起来。

在桌子旁边有一个饮水机，只要轻轻地按一下按钮，就会流下一股股的水。水太平凡了！它只有透明的、清亮亮的身体，有时细有时粗，既不美丽也不纤细。

主人常常拿着杯子去饮水机那里接水喝。一开始，杯子很得意，看来主人真重视自己，他一定是很喜欢自己的；可是，慢慢地，它开始讨厌水了，它心里暗暗地想，这么平凡的东西竟要占用我这么美丽的杯子，真是太可惜了。

一天，杯子对主人说："主人，水太平凡了，我这么美丽，主人还是把我放在其他地方吧。"主人一想也是，这个杯子这么美丽，这样用了就太可惜了，还是把它放到客厅的橱柜里吧。

于是，杯子被主人放在了客厅的橱柜里。那里都是美丽的东西，像憨态可掬的小熊雕塑、可爱的小狗玩具、亮晶晶的风铃、栩栩如生的泥人……而杯子被主人放在了最顶层。杯子可得意了，它好奇地俯视着客厅里的桌椅，注视着墙壁上的画卷，听着阳台上的花草低语，感到很新鲜。

一天，两天，三天……好几天过去了，主人好像忘了杯子一样，再也没有来看过它一眼。

这是怎么回事呢？杯子疑惑极了。后来，杯子才知道，原来主人又买了一个新杯子，每天用新杯子喝水的主人早就把它忘在脑后了。

杯子后悔了。直到现在它才知道，原来杯子是离不开水的。

杯子最后感到后悔了，然后也明白了自己是离不开水的。这一点与孩子在成长中出现的规律是相似的。孩子明白的一些事情，如对他人的尊重、一个人的价值体现需要他人的帮助与陪衬、一个人没有理由看不起他人、要学会尊重他人等，通过故事

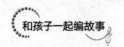

让孩子在潜移默化中得到熏陶，最终内化到孩子的心里，并通过
行为表现出来。

石头和鸡蛋

在一个美丽的山村里住着猎户夫妇一家。他们勤劳地打猎，认真地种
地，幸福地生活着。年轻而美丽的猎户妻子在家里养着几只鸡，猎户一家
可喜欢它们了。

一天，一只母鸡吃完了食，一边低声地叫一边走到鸡窝里坐了下来，
过了不一会儿就下了一个大大的鸡蛋出来。母鸡高高兴兴地踱了出去，她
微微涨红了脸，显得格外兴奋。"咯咯咯" "咯咯咯" "咯咯咯"它向女
主人大声报喜。

鸡窝里的石头横了鸡蛋一眼，不服气地说："有什么高兴的，不就是
生了个蛋嘛！"

"鸡蛋，你有我坚硬吗？"石头骄傲地问鸡蛋。

"没有。"鸡蛋平静地回答。

"鸡蛋，你有我光滑吗？"石头骄傲地问鸡蛋。

"没有。"鸡蛋平静地回答。

孩子之间常有嫉妒、不服气的心理存在。于是，孩子之间的
互相争吵也是难免的。

石头这下更是趾高气扬了，它指着鸡蛋说："我就知道你没有我坚硬。"它举起了拳头，接着威胁道："回头告诉你的妈妈，让它以后不要再这样'咯咯咯'地叫个不停，不然我就碰碎你。"

鸡蛋小声说："这也怪不了妈妈啊！再说，我也是才出生，妈妈怎么会听到我的话呢？"

石头听到这些话气坏了。它用力一滚，一下便滚到了鸡蛋的面前。没等鸡蛋再说什么，它就用拳头一下打在了鸡蛋上。鸡蛋应声而破，蛋黄喷了一地，凄惨无比。

正在这时，女主人来了。她打开鸡笼，看到了破了的鸡蛋和一边的石头。

石头高兴地对女主人说："主人，你看，还是我硬吧！我也比它光滑多了。你把我带走吧！"

女主人一听这话，什么也没说，一把抓起石头。

石头高兴极了，看来女主人要把自己带走了。

可是，令石头难以置信的是，女主人一把把它扔到了墙外，生气地说："都是你的错，要不今晚就能吃鸡蛋了！你这个坏东西。"

石头这才知道，原来光是硬和光滑是不管用的，只有对主人有用的东西，才能得到主人的喜欢。

> 　　故事中蕴含的一些道理往往是深刻的，孩子在家长面前讨好、通过欺负或攻击其他同伴以换得家长的更多关注等情况，常常在多孩子的家庭中出现。这时，家长可以通过编故事把孩子的这类行为在故事中给予惩戒，从而能起到一定的作用。

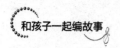

得意忘形的气球

孩子的世界充满着想象，孩子非常期待挣脱身体的束缚，展开飞翔的翅膀去遨游世界，而气球就很自然地成为孩子遨游世界的隐喻对象，通过想象来获得自由飞翔所带来的快乐。我在本书的开篇就以气球为素材与我女儿豆豆编了一个类似的故事。

有一天，天空中飘来一个美丽漂亮的大气球，引得人们都抬起头看它，不断有人夸赞它的美丽，气球听了很是得意。

这个气球飘呀飘，飘到了一块西瓜地的上面。这时，气球看见一个又大又圆的西瓜。气球就飞到西瓜的身边对它说："喂，西瓜，你怎么整天穿着一身绿衣服，跟土老帽似的！"

西瓜说："我生来就是这样的。不过，我待在地上不断地吸取养分，等我长大了就会变得甜蜜可口，可以给人们解渴呢！"气球毫不客气地打断了西瓜的话："你可真会给自己贴金！"于是气球生气地飞走了。

飘呀飘，气球飘过高山，飘过小河，它越来越觉得自己见多识广，谁也比不过了。这时的气球眼睛朝天，胸脯也挺得高高的。它继续飘着，有一天飘到了一片沙漠上。突然，气球看到了一个"仙人掌"，可它从未见过"仙人掌"，于是就不屑地问："你是什么东西呀？"

仙人掌说："我叫仙人掌，是沙漠里的植物！"

气球说："这么大的沙漠里，却只有你这么一种丑丑的植物，真是让人扫兴。"

"你别看我丑，我的作用可大了。"

气球说："你就会找借口吹牛，我真想踢你一脚。"说着，竟真的上前去踢了仙人掌一脚，可万万没想到这一踢竟然招来了杀身之祸，气球"啪"的一声破了。

仙人掌满身都是刺，气球骄傲自大，结果把自己给害死了！

> 孩子的世界里没有什么是不可以去尝试的，淘气、调皮、爱捉弄、异想天开、对某一种刺激行为屡禁不止等，均是孩子的特点反应，把这些内容编到故事中，孩子听时会非常投入，并感到兴奋。

未来的衣服

> 我想，以"未来的衣服"作为所编故事的题目，就是点燃创造力与想象力的"火种"，真正印证了"良好的开端就是成功的一半"这句话。在这个故事里，主角对未来的衣服充满了诸多神奇的想象，以及设想了它无所不能的功能（万能），这些语言方式与特点均是孩子所喜欢的，把这些元素编到一个故事里，孩子当然会怦然心动。所以，在给不同年龄段孩子编故事时，要用符合他们年龄特征的语言，这样可能会有出其不意的效果。

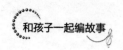

小象大学毕业几年后，成了森林中有名的设计师。

一天，小象又设计出了一款新衣服，吸引了许多动物前来参观。

斑马见了疑惑地问他："没看出你的新设计有什么不一样啊？"

"当然不一样了。这款衣服可是会随着人的成长自动改变大小的。它的左边有一个按钮，可以改变衣服的大小和式样，只要一按，保证可以变成又合适又新颖的衣服。它的右边也有一个按钮，可以改变衣服的颜色和温度，按一下就可以调整到自己喜欢的状态了。"

绵羊不住地点头，忽然问他："那衣服脏了能洗吗？"

"当然了！"小象一脸骄傲地说，"这可是纯天然的材料呢，穿在身上保证你不想再脱下来。而且，嘿嘿，它对懒人最合适了，因为它可以自动清洗，根本不用什么肥皂、洗衣粉和洗衣液，只要睡一觉，衣服就会又变得很干净了。"

"对了，它在晚上可以自动变成睡衣，上面还有符合不同年龄阶段的图画呢，特别漂亮，并且不会重复哦！"小象一边信心满满地讲解，一边手舞足蹈起来。

老黄牛怀疑地问道："你这衣服结实吗？不会一会儿就坏了吧？"

小象看老黄牛居然怀疑他的发明的结实程度，顿时涨红了脸，不服气地说："我做的衣服可结实了，根本就磨不破。就算坏了也不用担心，它是可以自动修复的。还有，它在晚上可以自动发光，这样人们就不害怕了。如果遇到坏人，你还可以乘着衣服背后的气球飞到天上逃走呢。"

大家都满意地点点头，不住地夸小象的创意好。小象开心地笑了。

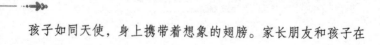

孩子如同天使，身上携带着想象的翅膀。家长朋友和孩子在

> 一起生活时，可以就地取材，如"吸尘器""卫生桶"，就能把
> 孩子想象的翅膀打开，编出一个个故事。

万能钥匙

一天，小平在回家的路上捡到了一把奇怪的钥匙。说它奇怪是因为，它只是一段小小的金属身体，没有任何一般钥匙的形状，要不是它的头上用宋体写着"钥匙"两个字，小平还以为它只是一段废铁呢。

小平正拿着钥匙上下观看，不料硬邦邦的钥匙开口说话了："你好！"

正看得入迷的小平吓了一跳，急忙把钥匙丢在一边的草丛里。

"哎哟！疼死我了！"草丛里的钥匙抱怨道。小平似乎看到钥匙的身体向上弓了一下，不过过了一会儿就又像原来一样平坦了。

小平小心翼翼地挪过去，心想大概是昨晚没睡好出现幻觉了吧。谁家的钥匙会说话啊。

钥匙又开口了，它生气地对小平说："人类，我好心好意地跟你打招呼，你为什么要摔我？"

"啊？"小平吃惊地张大了嘴巴，难以置信地问了一句，"是你在说话吗？"

"当然了！不然是谁在跟你说话啊？"钥匙背过身去生气地说。

看到小平还是有点儿迟疑，钥匙对他说："人类，我是34世纪的万能钥匙。不知道怎么回事来到了21世纪，现在我累了，你带我回家吧！"

就这样，小平把万能钥匙带回了家。

"你为什么叫万能钥匙啊？"小平对正在床上打滚儿的万能钥匙说道。

万能钥匙一脸骄傲地说："我们万能钥匙可是世界上最有用的发明。无论是什么样的锁芯，只要遇到我们，都只能乖乖地打开。"

小平接着打击它，说道："可是你不就是一块废铁吗？都不像钥匙，还说什么自己是万能钥匙？"说完，抬头看着窗外，一副看不起人的样子。

钥匙急了，从床上蹦了起来，来到小平的面前愤愤不平地说道："人类，那是废铁吗？我们是用万能金属炼制的。说到形状，我们可是会根据锁芯的具体形态随时改变的，人类的锁千奇百怪，如果连这点本事都没有的话，我们还是万能钥匙吗？"

"这样啊！呵呵，我明白了！"小平一副恍然大悟的样子。

"不好了，妈妈在星际呼唤我呢，我要走了！人类，有机会去我们的世纪看看，你就都明白了……"万能钥匙的声音越来越小。

小平回头一看，哪里还有万能钥匙啊。床上什么都没有，就好像从来没有遇到过万能钥匙一样。

> 这个故事充满了诸多神奇的想象，有星际，有从34世纪到21世纪的穿越，有无所不能的设想（万能），这些元素都是孩子特别感兴趣的，将它们编进故事里，孩子当然会特别感兴趣。所以，在和孩子一起编故事时，家长要留心注入一些孩子感兴趣的元素，以调动孩子编故事的积极性。

小泡泡漂流记

> 　　家长朋友可以以孩子喜爱的活动作为编故事的主题，这往往也能调动孩子参与编故事的积极性。以我个人经历来说，每年夏天，我都要带女儿豆豆去北京郊区的漂流景点玩漂流，女儿非常喜欢这项活动，我们也经常以"漂流"为主题编故事。下面这则《小泡泡漂流记》，不仅能大大激发孩子的想象力，还能大大增强孩子的观察能力。

　　有一个小泡泡飘飘忽忽地来到了人间，又继续飘飘忽忽地开始了她的旅行。

　　小泡泡隐隐地看到地上有个地方黑黑的，好像还有东西在动呢。小泡泡降低高度，仔细一看，原来是一群蚂蚁在搬运一片面包。只见蚂蚁们个个都使足了力气，还喊着号子呢："一二三，加油！一二三，加油！……"小泡泡奇怪地问："你们那么小，搬这么一大片面包什么时候才能吃完啊？"蚂蚁回答道："我们还有其他兄弟姐妹呢，大家一起分享食物。有的时候我们找的食物不够吃了，他们也会分给我们一些。"小泡泡朝他们点点头，又继续旅行了。

　　小泡泡又来到了池塘边，她见鸭妈妈正教小鸭子学游泳呢，可是小鸭子看着那么深的河，说什么也不肯下水。鸭妈妈一边做着示范动作，一边鼓励小鸭子："快过来啊，在水里很舒服的，妈妈在身边帮助你，肯定不会被淹到……"在妈妈的再三鼓励下，小鸭子终于把脚踏进了水中。在妈妈的耐心教导下，小鸭子没过多长时间就游得有模有样了。小泡泡发出了

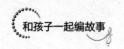

由衷的赞美："好温暖的画面，好可爱的母子啊！"

小泡泡飞呀飞，忽然，她见一只小猫眼睛瞪得大大的，正目不转睛地盯着前面一个地方，小泡泡顺着那个方向望过去，一只老鼠正在洞口探出头来，左右看了看，却没发现小猫，于是溜出了洞口。只见这时小猫的耳朵竖得直直的，胡子也翘了起来。在老鼠出洞的那一刻，它尾巴一竖，后腿一蹬，前脚一扑，一下子就把老鼠逮住了。那老鼠大声求饶："猫大哥，饶了我吧，我再也不偷吃东西了。"小猫松了一下，老鼠转身想溜，谁知小猫又把它捉了回来，然后又放下……这样捉了又放，放了又捉，最后小猫把老鼠吞了下去。小泡泡看得眼睛都没敢眨一下，心里暗暗佩服小猫的机警和灵敏。

小泡泡又走了几个地方，她累极了，躲在一枚叶子上睡着了。你瞧，她正在梦中笑呢！

> 在本书第一篇《故事开启孩子的智慧之门——为什么要给孩子编故事》的一开始，我就举了我与女儿豆豆合编故事《气球空中漫游记》的例子，并就如何与孩子进行互动来编故事做了示范，家长朋友可以翻回去，再次参阅！

第四篇

治疗性故事

——带孩子走出心灵误区

有资料显示，我国幼儿的心理健康状况不尽如人意。据全国22个城市的调查发现，儿童行为问题的检出率达12.97%。另据上海精神卫生中心对上海市3000名4~5岁的幼儿心理健康调查显示：8.8%的幼儿有不良习惯，11%的幼儿情绪抑郁、自卑，5.8%的幼儿情绪焦虑、紧张，20%的幼儿表现多动、坐立不安，25%的幼儿偏食，22%的幼儿性情古怪。

在多年从事儿童青少年常见心理问题的咨询生涯中，以及个案咨询经验丰富积累的基础上，我就目前孩子存在的常见心理问题做出以下几点归纳：

社会行为问题，包括爱发脾气、好打架、争吵、说谎、嫉妒、恶作剧、不能和别的孩子友好相处、有破坏行为、偷窃等；

性格和情绪问题，包括任性、自私、固执、娇气、胆怯、退缩、易哭泣、懒惰、自卑、过分敏感、过度幻想等；

不良习惯问题，包括吸吮手指、咬指甲、眨眼、挖鼻孔、耸肩、咬衣服等；

意志品质问题，包括意志力薄弱、耐挫力差，主要表现为怕苦怕累、害怕困难，遇到困难退缩、束手无策和依赖成人，接受不了委屈、责备、批评等挫折打击；

学习问题，包括注意力不易集中，反应迟钝，上课时坐不住、多动等；

今天的孩子背负着沉重的学习压力，有的已经没有了快乐的童年记忆。有些孩子以玩笑的语言戏称自己为"亚历山大"，即说自己的压力如山一样大。还有一些孩子戏称自己是"焦裕禄"，即焦虑、抑郁、忙碌。

当然还有一些更为严重的表现，在此就不一一例举了。在这里，需要提醒家长与老师重视的一个严重问题，就是有关孩子的自杀问题。如一个正在上三年级的小学生，因无法自筹款项去缴纳一定数量的罚款，在一个夜深人静的时候服用家里的除草剂自杀。有的孩子没有完成暑假作业，在老师要求其请家长来学校时，他却跳楼自杀。2012年3月，福建两个12岁的女孩溺水身亡，当时很多媒体报道过这起事件。这起事件的起因正是其中一个女孩因找不到家中钥匙而惧怕被父母严厉批评，同时又受到影视剧的误导，便想利用"穿越"到古代的方法应对当下的困境。

由此可见，由于孩子自身心理能量偏弱，认知水平偏低，再加上缺乏应对生活与学习上的压力，尤其亲子关系还存在严重问题时，孩子一旦碰到一些根本算不上错误的小事件，就会出现以结束生命为代价的难以置信的悲剧。这时可能会有一些这样的问题在家长的脑海中浮现：为什么在同样的一个教育体制与复杂的社会环境下，有的孩子就能健康地成长，有的孩子则通过极端的行为来面对呢？有没有一种方法让家长洞悉孩子的内心世界，从而能够做到防患于未然？或者能否用一种孩子愿意接受的亲子活动方式提升孩子的心理健康水平？或者一旦孩子心理出现问题可否使用前面章节阐述的内容，即通过和孩子一起编故事来达到治疗的目的？

据我多年给家长朋友与孩子做心理咨询的经验来看，上述问题的解决需要建立在一个重要的基础上：良好的亲子关系。充分享受到父母之爱的孩子内心的安全感足以让他应付很多问题。所以就拿家庭这个微环境来说，父母是预防与解决此类问题的主角。家长通过和孩子一起编故事这种方式可以相应地洞悉孩子的内心世界，从而根据孩子的心理健康情况，编创有针对性的故事来达到治疗的目的。

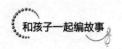

我曾在北京人大附小给全校老师开展有关小学生心理健康知识讲座，当时我带领老师们重点讨论了11岁女孩自杀的心理原因并做了详尽的分析，并指出了如何从学生记录的成长故事中寻找一些线索，从而做出相应的预防。据悉，这个女孩在自杀前曾在学校门口的路边书摊看到有关"小女孩死亡后将成为天上的星星"这样的文章内容。我想假如当时家长了解孩子内心世界呈现出怎样的冲突与矛盾，通过和孩子一起编治疗性故事及借助专业心理咨询老师的力量，这种悲剧也许就不会发生。下面附上这篇我于2010年9月3日所写的博客，希望能够在如何教育孩子方面给家长朋友一些借鉴。

"因厌倦上学11岁女孩跳楼身亡"事件引发的思考

今天我无意中看到《京华时报》上的这样一篇报道，内容大概是：暑假开学的前一天，一名11岁的小姑娘选择在海淀区冠城北园小区3号楼结束了自己的生命。有知情人士透露，女孩在跳楼前曾经留下一封遗书，遗书的大概内容是，她厌倦了上学，厌倦了生活。这孩子从小聪明，上幼儿园时，父母带她去测智商，130。女孩平时学习很用功，学习成绩也十分优秀。在选择结束生命的前一个晚上，女孩曾经对她父亲说："爸爸，我怕，我不想上学，你抱抱我吧。"

作为家长及多年从事青少年心理咨询的工作者，看到这样的报道，我的心中有一种很心痛的感觉。一位豆蔻少女在一瞬间让自己的生命画上句号，同时也在极短的时间里改变且重创了家庭。痛定并深为惋惜同情后，我不禁掩卷深思，惨剧的发生肯定

182

有许多复杂的原因，从中每位家长需要思考：当孩子有挫折事件发生时，如何科学有效地帮孩子去面对。

也许很多家长看到这样的报道如我一样内心会有不平静的感觉，怎么也想不到面对学习与生活上的挫折，孩子竟然会想到用死的方式去解决；同时也情不自禁地在心里产生这样的疑问：到底何谓挫折？一旦自己的孩子遇到挫折后，怎样让孩子振作起来？

从心理学角度来分析，挫折指个体的需要和动机行为受到阻碍，预定目标不能实现时所产生的一种紧张状态及情绪反应。它包含着挫折情境、挫折认知、挫折行为。挫折情境并不一定会构成心理挫折，这取决于每个个体所持的挫折认知和反应。如在此案例中，女孩遗书的内容提到了她厌倦了上学，厌倦了生活。从中我们可以感知到上学与生活中的某些事件可能对这位女孩造成重大的打击，于是她便用结束花蕾般的生命的极端方式来解决这一切。当然，有些孩子可能觉得上学或某些打击不算什么大事。

青春期孩子的身上往往具有一些既矛盾又冲突的特点，如既渴望体现个人价值又感到力不从心；情感丰富但又欠缺理智；既自尊又自卑；既渴望独立又依然依赖，等等，这些特点均易造成挫折感。再加上家庭环境、学习环境或人际关系等方面的不完善，怎样对待挫折几乎成为孩子生命历程中的必修课。那么家长怎样帮助孩子提高耐挫能力呢？

一、家长要对孩子进行挫折教育，提高孩子的抗挫折能力。现在的孩子在父母的娇生惯养与宠爱下，很少有机会亲自体验学习之外的挫折，或通过自身努力克服挫折。因此，家长更有必要对孩子进行适当的挫折训练，让孩子体会生活与认识社会。如让孩子参加一些负重跋涉草原或沙漠的夏令营。让孩子知道挫折不能最终决定命运，决定命运的是对挫折的态度。经常向孩子讲述一些成功者在挫折情境下成长并最终走向成功的事例。让孩子阅读一些名人传记，如《林肯传》、《居里夫人传》、《邓小平传》。熟记一些名言警句，如美国作家海明威说："一个人并不是生来要给打败的，你尽可把他消灭掉，可就是打不败他。"给孩子树立不畏困难、战胜挫折的榜样。调整孩子的目标，让孩子有合理的期望与正确的自我评价。多多培养孩子的各种能力，对孩子的过分照料，实际上是剥夺了孩子磨炼自己的机会。鼓励孩子多参加各种体育活动，也可以提高孩子的抗挫能力。

二、家长要培养孩子受挫后的快速恢复力。"自古英雄多磨难，从来纨绔少伟男。"生活并不总是一路凯歌高奏或一帆风顺的，总会遇到各种各样的挫折，这是每个人都必须要去独立面对的。逃避是不现实的，要勇于面对与克服，学会快速从挫折情境中出来。因此，家长可以教会孩子如采用自我安慰法（酸葡萄心理、甜柠檬心理的巧妙运用，如《伊索寓言》说："狐狸吃不到葡萄，就说葡萄是酸的；只能得到柠檬，就说柠檬是甜的，于是便不感到苦恼。"）、转移兴趣法（受到挫折时把注意力转移到孩子感兴趣的地方，如美术、音乐、舞蹈等）、合理宣泄法（如在一个无人的场所大喊大叫一通、找一个偏僻的地方痛哭一场等）、自我暗示法（告诉自己真的很棒！给自己喝彩！"天生我材必有用"），等等。当孩子真正面临挫折时，家长要给予支持与鼓励，并动用一切社会支持系统，给孩子温暖与力量，帮助孩子较快走出挫折的阴影。

总之，挫折教育是孩子成长过程中不可或缺的一种教育。孩子耐挫力的大小，直接关系到孩子能否很好地适应社会，健康地发展。期待越来越多的父母能够意识到，耐挫能力是每个孩子终身发展都极为需要的心理素质。同时，我也深深期望学校老师及广大心理教育工作者多多关心每位孩子的心理健康，尤其是正处于青春期的少男少女的心理健康。衷心希望诸如此类的报道有所减少，甚而消失在大众的视野里。

作为家长，要尽量了解自己孩子身心发展的基本特点。如孩子的身心发展是一个由不成熟到成熟，由不定型到定型的成长发育的过程。孩子正处在一个生长发育特别旺盛、可塑性最大的时期。这个时期，既是孩子"长身体、长知识"的时期，也是受教育的最佳时期。

于是，通过对孩子身心发展的特点来分析，家长就会知道这样的常识：营养良好，环境刺激丰富，教育方式合理，就会促进孩子心理的正常发展；反之，则会阻碍和延缓孩子心理的正常发展。

因此，我认为用和孩子一起编故事的方式来跟孩子进行亲密的互动是非常合理与科学的，会促进孩子心理的正常发展。而我在多年的心理咨询实践中，也常常加以使用。

当然在上述针对3~12岁孩子常见心理问题的解决上，确实也已经存有许多其他相对成熟的心理疗法。编治疗性故事只是其中较为常用的方法之一。

✤ 什么叫治疗性故事

    治疗性故事指那些帮助人们恢复失去的平衡或者重新获得心理健康的故事，能对孩子的情绪波动、遭遇的挫折与打击，以及失衡的社会行为起到缓解、抚慰、调整或者辅助治疗效果的故事。针对孩子的问题行为和心理状况，当父母及其他照顾孩子的祖辈、心理咨询师及老师们给孩子有针对性地编治疗性故事时，能让孩子的行为或状况重返平衡。

    当孩子跟家长对着干并有明显的逆反行为时，当孩子和小朋友产生纠纷或矛盾时，当家庭发生重大变故，如父母离异、亲人去世等时，当孩子自信心不足、容易悲观、做事胆怯、不愿与妈妈分床睡觉时，当孩子在成长过程中碰到了许多的困境与挫折时，以及当家长想让孩子拥有良好品质及传统美德时，讲大道理的方法对孩子来说，不仅起不到所谓教育的效果，反而可能让孩子产生反感，使家长与孩子的心理距离变得更远。

    如果在孩子出现这种表现的时候，家长能够用一些治疗性故事来与孩子进行沟通，那么所能起到的教育与治疗效果可能就大不一样了。孩子会在这些主动参与创编的故事中不知不觉地、潜移默化地吸收故事中的营养，会与故事中的角色进行相似的联结，从而与故事中的角色产生一定的情感上的共鸣，感受着相同的感受，快乐着相同的快乐，悲伤着相同的悲伤。这时教育效果将会不期而至。

和孩子一起编治疗性故事让孩子懂得一些人生的道理，而非填鸭般强行说教。我想大部分孩子都是比较愿意通过这种方式，而非直白的大道理，去接受家长苦口婆心般的"谆谆教导"。这样家长也会更愿意以此方法来跟孩子进行良好的互动，从而达到良好的教育效果。

作为北京多家从事儿童感觉统合失调矫治的教育机构的首席咨询专家，我每年会接触不少因感统失调而致的多动儿童。我常常会将苏珊·佩罗（Susan Perrow）所著的《故事知道怎么办：如何让孩子有令人惊喜的改变》中的一个名为《星星草人》的故事，分享给孩子的家长，然后让家长亲自边编边讲给自家多动的孩子，有的孩子因而产生或出现了相当不错的效果。下面我将这个故事呈现在这里，让家长可以更容易地理解治疗性故事的具体应用。

星星草人

从前有一个老妇人，她沿着沙丘走啊走，沙丘边上长满了又高又密的草。忽然，她看到一丛草里露出一个圆滚滚、像草球一样的东西。她弯腰想把那球捡起来，可是里面突然蹦出了一个小小的草头来，还有草的手和脚，最后，一个小小的星星草人从她的手里滚出来，沿着沙滩噗噜噗噜一直向前。

"停下来，小小的星星草人，我想跟你玩。"老妇人使劲儿叫。可是星星草人说：

玩，玩——不，不，我才不！

太阳把我声声唤，

我急急忙忙正往天上赶！

你追呀，追呀，追着我使劲儿跑，

你追了也是白跑——我是星星草！

他说着又沿着沙地继续滚——噗噜，噗噜，滚呀滚呀滚，后面跟着老妇人追呀追呀追。

没一会儿，他遇到了一条正赶着海鸥使劲儿跑的狗。狗看到星星草人，叫了起来：

"停下来，小小的星星草人，我想跟你玩。"可是星星草人说：

玩，玩——不，不，我才不！

太阳把我声声唤，

我急急忙忙正往天上赶！

我从老妇人那里跑走了，

我也能躲开你继续跑，跑，跑！

你追呀，追呀，追着我使劲儿跑，

你追了也是白跑——我是星星草！

他说着又沿着沙地继续滚——噗噜，噗噜，滚呀滚呀滚，后面跟着老妇人追呀追呀追，狗赶呀赶。

没一会儿，他遇到了一只刚刚从沙洞里爬出来的螃蟹。螃蟹看到星星草人，叫了起来：

"停下来，小小的星星草人，我想跟你玩。"可是星星草人说：

玩，玩——不，不，我才不！

太阳把我声声唤，

我急急忙忙正往天上赶！

我从老妇人和狗那里跑走了，

我也能躲开你继续跑，跑，跑！

你追呀，追呀，追着我使劲儿跑，

你追了也是白跑——我是星星草！

　

他说着又沿着沙地继续滚——噗噜，噗噜，滚呀滚呀滚，后面跟着老妇人追呀追，狗赶呀赶，螃蟹爬呀爬。

没一会儿，他遇到了在海边打鱼的一个渔夫。渔夫看到星星草人，叫了起来：

"停下来，小小的星星草人，我想跟你玩。"可是星星草人说：

玩，玩——不，不，我才不！

太阳把我声声唤，

我急急忙忙正往天上赶！

我从老妇人和狗，还有螃蟹那里跑走了，

我也能躲开你继续跑，跑，跑！

你追呀，追呀，追着我使劲儿跑，

你追了也是白跑——我是星星草！

　

他说着又沿着沙地继续滚——噗噜，噗噜，滚呀滚呀滚，后面跟着老妇人追呀追，狗赶呀赶，螃蟹爬呀爬，渔夫跑呀跑。

就在这时候，金光四射的太阳爸爸从一扇云窗户里探出头来，金色的阳光越过天空，在沙滩上舞动。星星草人头上，也有一缕阳光在飞舞，他全身都沐浴在金色的阳光里。

星星草人不再滚了，他坐下来，欣赏着自己崭新的金外套。"怎么会这样呢，"他自豪地想，"我一定非常重要，看，我不用去拜访太阳——太阳来拜访我了！"

他坐在那里，自豪地欣赏着自己金灿灿的外套，老妇人赶上来了。"你愿意跟我来吗？"老妇人说，"我想把你挂在我的房子里，做我的圣诞之光。"

"噢，好啊。"星星草人说，"我愿意来——穿着这崭新的金外套，我会像太阳那样明亮闪耀。"

老妇人从口袋里拿出一根绳子来，把绳子的一头拴在手指上，另一头绕着星星草人的金外套缠了一圈，带着他回家去了。她把闪亮的星星草人挂在自己的房间里，做她的圣诞之光。

而那狗呢？他又追海鸥去了。螃蟹一路爬回沙子里的洞，甜甜地睡了。而渔夫呢？嗯，如果你走到沙滩上，你会看到他静静地在钓鱼，就在大海边上。

这个欢快的故事让孩子体会到躁动可以转化为宁静。这个故事所具有的重复和节奏性的特点，让它很容易被3~5岁的孩子接受，6~8岁的孩子也能享受其中。

通过对治疗性故事定义的掌握，家长可能明白了这样一个道理：和孩子一起编的某些故事还可以起到治疗的作用，可以让孩子原本失衡的行为得以平衡，心理上变得更为健康与协调，从而让孩子更能适应学习生活与人际交往。

说到这里，家长朋友可能会迫不及待地想了解怎么编治疗性故事，下面我们就来说一说如何编治疗性故事。

❖ 怎样编治疗性故事

要想把治疗性故事编好，前提是一定要有相对明确的、清晰的思路，即首先要明确两个问题：

一、要明确孩子的现有行为。 在《故事知道怎么办：如何让孩子有令人惊喜的改变》这本书里的第四章中，对什么是行为，为什么说影响孩子行为的两大类主要因素是生活背景与人际关系，如何描述和识别"挑战性行为"等均有详细的介绍，有兴趣的家长可以翻阅这本书。

每个孩子行为的背后会受到各种因素的综合影响，如孩子的年龄情况、性格特征、家庭氛围、学校环境、社会环境、文化背景，而最重要的是孩子当时所呈现的状态。把这些问题综合考虑后弄明白了，家长就相对容易理解孩子的行为，就能编出有针对性的治疗性故事来纠正孩子失衡的行为。

二、要明确希望达到的目标，也就是说要改变孩子的行为到什么程度。

孩子的某些失衡行为无须治疗，到时候就会好。事实上，一些被认为是有问题的行为方式，只是某个年龄阶段的孩子对某种刺激或某种情形的正常反应。在《故事知道怎么办：如何让孩子有令人惊喜的改变》一书中提到，一个3岁的孩子偶尔把幼儿园的玩具装进口袋带回家，这是很正常的。这不是偷，而是单纯的"借"，可以看成孩子需要在幼儿园和家这两种现实中过渡转换。而对六七岁的孩子来说，有点儿神神秘秘、遮遮掩掩，甚至撒谎，也都是正常的。作为家长需要对这些知识有一些相应的了解，这在编治疗性故事时是非常重要的。

同时，家长朋友要想编治疗性故事，那么就要对治疗性故事所包括的三个要素，即**"隐喻""进程""结局"**有所了解，从而在编故事时做到心中有数。编出来的故事也能够符合治疗性故事的相应要求。下面仅以治疗性故事框架中最重要的一个部分"隐喻"为代表来加以阐述。

隐喻：用孩子喜欢的或者与某一特定行为呼应的东西来建构具有治疗效果的隐喻。在治疗性故事中，隐喻帮助听众建立具有想象力的链接，是故事的重要组成部分。

在《用故事打开心扉——隐喻治疗案例示范》这本书的第一章里，提到了隐喻有下列几种促进行为改变实现的特点，如隐喻具有互动性，隐喻具有吸引力，隐喻规避了阻抗，隐喻激发并培养了想象力，隐喻引发了探索的过程，隐喻增强了解决问题的能力，隐喻创造了更多的可能，书中就每一点内容均有相应的展开解释，这也充分说明了隐喻在治疗性故事中的地位与作用。

隐喻将小听众"提升"起来，大大吊起孩子的胃口，带他们进入想象的空间。如果不使用隐喻，将行为直接编入故事，比如针对孩子的撒谎行为，就编一个"爱撒谎的小孩"，孩子一听，就觉得家长直接说自己，内心就会产生抗拒。如果伤害到孩子的自尊心，以后家长即使讲规范的治疗

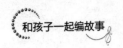

性故事，孩子可能也不想再听了。

针对孩子的撒谎行为，如果说以狐狸或灰太狼来做隐喻，比如说：伶牙俐齿的小狐狸，孩子就会容易与这只小狐狸产生联结与心理上共鸣。因为不是直接把矛头对准孩子，从而更容易被孩子接受。

即使确实找到了巧妙的隐喻，有时孩子仍无法快速领悟。这时，作为家长也无须气馁，如针对这个案例可以换用灰太狼的角色，没准儿孩子因爱看《喜羊羊与灰太狼》电视作品而快速与它做联结，因而可能会达到一定的治疗效果。

在教育孩子的过程中，家长要细心，更要有极大的耐心。所谓"十年树木，百年树人"，用治疗性故事来进行教育，也一定要尊重孩子成长的规律及故事对孩子成长带来影响的时效性。

既然隐喻在治疗性故事中具有如此的重要地位，家长可能就会非常关心如何找到隐喻这个问题。下面就此做一些简明扼要的介绍，以利于家长能够快速地模仿及操作。

一、找到孩子最喜欢的事物，可以是宠物、玩具、故事书。

例子：一个孩子，总喜欢踢人，总被老师罚坐在长椅上。就是坐在长椅上，他的脚仍会动个不停，老师发现这个孩子痴迷于骑马，穿牛仔裤，尖头牛仔靴。这个孩子的父母分开了，爸爸每年看他几次，每次都带他去骑马。有人建议老师，如果他踢人，就让他把靴子脱下来，但是他穿软鞋仍旧踢人。后来Susan（《故事知道怎么办：如何让孩子有令人惊喜的改变》的作者）跟她的老师们一起共同创编了《小红马》的故事。

故事里如果有孩子喜欢的元素，他就很容易被故事吸引。如果要给全班讲故事，那就找到一个全班都感兴趣的东西。

二、隐喻要与某一特定行为相关与呼应。

对懒惰的孩子，可以用勤劳的小蜜蜂作为隐喻。如果孩子有抓挠行为，就可以用猫、猴子来做隐喻，也可以用树。想象一个屋子，屋顶很多年了，是个快乐的屋顶。有一棵树，树枝在屋顶上，一到刮风就像在抓挠屋顶，那么园丁来了，把树枝稍微修剪了一下（而不是砍掉树），这是一个非常简单的图景，家长可能非常惊讶于如此简单的故事对孩子产生的影响。

有的孩子攻击性行为明显，可以用啄木鸟来做隐喻。

想了解孩子，就听他自发编故事

　　每个孩子可能都会拥有一定程度的创造力，拥有透过充满想象力的故事来叙述自我生命的能力。这些故事富含动力的意义、重要的议题与冲突，具有高度的孩子个人烙印色彩，充满着戏剧张力，更代表着孩子试图要解决问题且适应环境做出的努力，使不平衡状态趋于平衡状态。

　　孩子所叙述的故事包含直接的言语对话，或是诉诸于隐喻的沟通。为了说明孩子自己编故事这个内容，我把曾经接待过的心理咨询个案分享给大家。

　　我曾经接待了一位年轻的妈妈，她是带着自己的7岁女儿来做心理咨询的。通过了解我得知，这个小女孩原本还算是比较活泼开朗的，后来由于妈妈重重地打了她一巴掌后，她就变得沉默无语，情绪低落。在家，她也不跟家长做相应沟通；在学校，她上课时不再积极主动回答老师问题，也不跟老师与同学沟通来往，这慢慢影响了学习成绩。为此家长深为焦虑，便带她来到了我所在的心理咨询中心。

　　通过进一步了解，我知道了这个女孩一岁时，父母离异，她的妈妈独自一人一边忙于工作一边照顾她。由于她的妈妈身心疲惫不堪，导致情绪常常处于焦躁状态。这次打女孩就是因为女孩看了安徒生的童话故事《海的女儿》后，问了她这样一个问题："妈妈，什么是天堂？"她妈妈听后立即给了她一巴掌，还厉声斥责说："你脑袋瓜子都想什么乱七八糟的事！别再胡思乱想了！"后来我与她妈妈沟通时获悉，她当时打她，是担心女儿有寻死的倾向。其实这只是女孩因为不懂而产生的好奇行为。

听完了女孩妈妈的讲述，我征求女孩的意见，是不是可以让妈妈一起在咨询室里。女孩不愿意让妈妈在旁边，于是我只好让她妈妈暂时离开咨询室。我告诉女孩，我也有一位跟她同岁的非常可爱的女儿，我女儿同样酷爱读《海的女儿》。渐渐地，我与这位小女孩建立了良好的共情。建立了良好的关系后，在我循序渐进的引导下，这个女孩自己编了一个小故事。故事的内容是：

在一块空地上，有一棵孤单的小草。这棵小草偶尔会低声哼着"没有花香，也没有树高，我是一棵无人知道的小草"这首曲子。小草每天只是静静地费力地长着。有一天，小草在温暖阳光的照耀下，正在享受日光浴时，一只凶狠的野兔突然跑了过来，看到了小草就张开嘴巴，小草在兔子嘴里没多久就消失了。

这就是当时这个女孩自己编的一个小故事。当然出于尊重的原因及对来访者保密的需要，故事进行了适当的保密处理。

一般说来，孩子自编的自发性的故事或许受限于语言表达的层次，但是就像其他游戏技巧一样，也提供了合理的机会以直接了解孩子的幻想世界。如我在前面章节中提到我女儿编的《淘气的小蓝》和《柿柿与椒椒》故事里，也能反映出女儿的内心世界。如愿意听妈妈的话，爱看书，以及渴望快速长大等心理。透过故事的形式来表达这些幻想可能会强化动力的沟通，而不会遮掩、冲淡或是扭曲这些幻想。

那么这个故事提示了这个女孩内心幻想世界里有什么东西呢？在此处先埋下一个伏笔，留待后文再交代。

从故事中了解孩子真实的内心世界

在《儿童故事治疗》一书中记录了这样一段话："由于故事本身的虚构性，孩子会觉得他们没有泄露自己重要的心事。如此一来，任何失常的希望、冲突、秘密以及类似的问题都能够避开成人的关注。有趣的是，正因为故事说的是关于其他人或物的事，所以它让潜意识的冲突、不正常的幻想，还有其他被重重保卫或隐藏的自我有机会浮现，从而通过孩子的故事内容拨开层层的伪装，加以解读与掌握孩子的内心世界。"

如果要让孩子所提供的故事过程能够发挥完整的功能，那么应该尽量避免直接诠释故事的意义，而是要用孩子在故事中的隐喻来响应，这样孩子就能心平气和地接纳，否则有可能影响孩子对家长的信任。

如有个8岁的男孩，在他的故事里总有个如蜗牛一样渺小而无助的角色，而这个角色总是被庞大、强而有力的角色，如老虎、狮子等主宰。后来在咨询中深入了解后，才发现他的妈妈常常给予他过度保护，而且也无法接受孩子建立心理自主所做的努力。由此可以了解到问题的根源：母亲潜意识中对孩子的需要与控制。为了帮助家长对这些知识有更深入的理解，

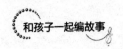

我以前面提到的心理咨询个案为例子，说明一下如何从故事中了解孩子。

案例中那个女孩编的故事，其中的小草指的是这个小女孩自己，小草，就是小女孩对自己的隐喻。凶狠的野兔隐喻了她妈妈的角色，重重的打脸行为就是指小草被吃掉，反映了孩子"社会我"的消失。小草在享受日光浴，表明女孩正深深陶醉于《海的女儿》故事中，跟美丽又善良的小公主做着情感上的连接。故事中提到的"没有花香，没有树高，我是一棵无人知道的小草"，意味着父母对她在心理层面上的遗弃，从而让她深感自卑与孤单。

在《儿童故事治疗》一书中提到了故事治疗的价值：故事是透过语言而呈现的幻想，让儿童能够表达他们的内在"驱力"与冲突。

如果儿童能够决定要说什么故事、怎么说，那么故事的使用最有价值。

故事可以当作治疗及评估的工具。

重复出现的主题往往指出儿童主要的关心与冲突，而这些主题可以被其他的临床表现，如梦境所证实。

❖ 治疗性故事带孩子走出心灵误区

    和孩子一起改编的故事，也就是"互动性故事"。《儿童故事治疗》一书对"互动性故事"也做了非常清晰的表达："所谓互动性故事是一种特别的设计，用来诱发儿童说出自己创作的或自发性的故事，并且利用儿童心理分析改编其故事，以进行治疗。相较于成人呈现的梦境及自由联想，儿童自编的故事与幻想结构的确较不会受到抑制与扭曲，而它们的动力意义也较不会被掩盖或改变。"

    自发性的故事本质是投射性的，让孩子有机会能够透过不受意识左右的隐喻，安全地表达失衡的或者是病态的希望、恐惧与防御机制。这种由孩子自发编的故事由于没有受到其他的影响，能更忠实地重现孩子的冲突与问题，以及相应的问题解决方式。

    "互动性故事"要孩子借由虚构的角色想象一个故事。这个故事尽量要出于原创，要有开头，某些发展，还有结尾（如前几章所说的如何编故事内容较为相似）。接着，就要辨认出故事的动力意义，并且使用故事中的隐喻来建构带有治疗目的的响应。响应的故事会提供一个较为健康、较不带有冲突的问题解决方式，以取代儿童原来充满冲突的故事版本。

下面我就根据"互动性故事"的相关要求编撰了一个相应的故事，以取代案例中提到的女孩原来内心充满冲突的故事版本：

在一块空地上，有一棵非常坚强的小草。在小草的身边，常常有好多漂亮的蝴蝶为它飞舞，有好多可爱的小鸟在它的身旁为它歌唱，这些小动物们都非常喜欢小草，愿意与它交朋友。小草高兴极了，嘴里常常哼唱着"从不烦恼，从不寂寞，我的伙伴遍及天涯海角"这首优美动听的曲子。

有一天，小草在温暖阳光的照耀下，正在一边享受日光浴，一边与朋友们欢欢喜喜地又唱歌又跳舞。这时，一只温柔的、脸上满是笑容的大白兔跳跃着跑过来。大白兔手里提着一桶水，来到了小草边，然后把水徐徐地倒在小草的嘴里。小草兴奋地张开嘴巴，美滋滋地喝着水。于是，小草每天快快乐乐地越长越高。

我把这个根据案例中女孩自编故事的原型而编的故事，不仅编给这个女孩听，也把这个已改编好的故事说给女孩的妈妈听，让她记住后内化在心里面，然后再一次次地说给自己的女儿听。

经过数次咨询，女孩又恢复到当初开朗活泼的样子。

最后，我想表达的是，有关治疗性故事的编创，可能对某些家长来说，是有一定难度的。家长朋友若想要进一步关注与了解，可以参阅相关书籍。到时，我也可能应家长的需要，对这方面内容进行更多的研究与总结，从而提供更多的文字以飨家长朋友。

总之，在本篇中我概要地阐述了治疗性故事的定义、如何编治疗性故事的内容及和孩子编治疗性故事的意义与价值，其中也有具体的咨询个案作为例子。孩子的故事如同潜意识的窗口，提供参考点，让家长朋友得以观测孩子的内心世界，帮助家长朋友了解孩子最迷惑不解的种种问题及热切的盼望。通过运用治疗性故事，遵守隐喻沟通方式必备的要求，能达到良好的治疗目的。当然，即使在某些情况下治疗性故事效果显著，我在此仍需提醒家长朋友们，治疗性故事并非无所不能。家长朋友要想熟练掌握及运用治疗性故事，仍需要更深入地进行专业学习，绝非一日之功。

接下来，我们就看几则治疗性故事，一起感受一下。

治疗性故事小屋

自卑的桃树

当孩子在成长过程中，觉得自己外貌不如他人而出现自卑心理时，家长朋友可以针对孩子所出现的特定问题行为与状况，编一则治疗性故事，让孩子的问题行为与状况得以潜移默化地缓解。如在这则所编的故事中，用桃树来隐喻自卑的孩子就显得恰如其分。孩子觉得编的是"别人"的故事，不会感到是家长直接对自己进行说教，从而达到相应的治疗目的。

在河岸边生长着一棵高大的柳树，每当春天到来的时候，柳树就会早早地抽出嫩绿的新芽，向人们报告春的信息。和柳树比邻而居的是一棵桃树，每年的四月中旬，桃树就会开满粉红色的花，空气中弥漫着淡淡的甜香。微风拂来，柳枝摇曳桃花笑，人们的心都要沉醉了。

这天闲来无事，柳树和桃树又唠起了家常。只听桃树说："柳树姐姐，你的身形可真好啊，柳叶尖尖的、亮亮的，又细又长，微风吹过，你的舞姿那么温柔，又那么随性潇洒！不像我，身材矮小，皮肤也粗糙。我好羡慕你啊！"

柳树听了忙说："桃树妹妹，你怎么能这么想呢，看你开的花多漂亮啊，古代有好多赞美你的诗句，像'满树和娇烂漫红，万枝丹彩灼春融'、'桃花一簇开无主，可爱深红爱浅红'、'去年今日此门中，人面桃花相映红'……哎呀，实在是太多了，说也说不完呢！而且，夏日炎炎的时候，你还奉献出饱满多汁的桃子来，给人们带来甘甜和清凉。"

> 所编故事中用了诗词中的句子，在选用诗词时，家长朋友一定要考虑孩子的接受程度，否则这样做就会失去意义。家长朋友最好选用孩子平时耳熟能详的诗句，激发孩子的兴趣。

桃树听了，惊喜地说："真有那么多人称赞我吗？我还以为站在你的旁边，人们只会看到我的矮小呢。"

柳树语重心长地说道："你怎么能拿自己的短处和别人的长处比呢，每个人都有优点也有缺点，我们要多发掘自己的优点，充满自信才能够更加快乐茁壮地成长！"

桃树终于恍然大悟，脸上露出甜美的笑容，并高兴地对柳树说："柳树姐姐，非常感谢你！我以后再也不拿自己的短处跟别人的长处比了。"

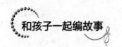 小蜘蛛织网

　　这则治疗性故事以蜘蛛作为隐喻对象，针对孩子多动、注意力不集中等行为，可以达到一定的治疗作用。家长刚开始学编故事，而在一段时间内编不出原创故事的时候，可以把一些经典故事熟读并熟记于心，先有一个事先消化的过程，然后用自己独特的语言表达方式编给孩子听；或者让孩子根据自己的理解对经典故事重新改编。孩子的创造力是不能低估的。这则故事是模仿孩子特别喜欢听的《小猫钓鱼》来创编的，对孩子良好的意志力品质，如自制力，会有很好的启发作用。

　　"昨夜的狂风暴雨可真凶猛啊，把我的网都弄得破烂不堪了！趁着天放晴了，我得赶紧再织一张网。"蜘蛛说干就干了起来。

　　一只小狗走过来说："蜘蛛，我们玩会儿游戏吧！"蜘蛛回答："我要先把网织好才能玩呢。"

　　小马跑过来，开心地对蜘蛛说："天气这么晴朗，我带你去兜风吧！"蜘蛛摇摇头，说："谢谢你，我要先把网织好。"

　　老黄牛伯伯闷声闷气地喊道："大家快来看呀，地上的青草可真新鲜啊！"蜘蛛头都顾不上回一下，继续织着网。

　　白鹅妈妈正要带着鹅宝宝们去游泳，路过蜘蛛这里，邀请蜘蛛："和我们一起去游泳吧，河里的水都满了。"蜘蛛连忙说："我的网还没有织好呢。"

小猫正在阳光下眯缝着眼睛睡觉呢，只见它的眼睛半睁半闭，悠闲地对蜘蛛说："来晒个日光浴吧，真舒服啊！"蜘蛛什么也没说，马不停蹄地接着织网。

过了一会儿，蜘蛛终于把网织好了。就在这时，一只苍蝇误打误撞地飞过来，一不小心正好撞在刚刚织好的网上，蜘蛛迅速地爬过去，美美地饱餐了一顿。

故事里有许多动物形象，家长与孩子在编故事时，可以借用手偶（动物模型）表演出来。这里要提醒家长，在表演时一定要让孩子自己主动选择某种动物角色，让孩子自己做主，这样才能大大激发孩子参与编创故事的积极性。在我自己家里，我们往往会来个全家总动员，在快乐的游戏中，培养了良好的亲子关系。

蝴蝶与蛹壳

这则治疗性故事在孩子处于刚刚入园或上小学时，能鼓励他去迎接环境变化时的挑战，从而尽快去适应变化，突破束缚，让他如蝴蝶一样得以蜕变。

她是一只美丽的蝴蝶，在百花丛中一边歌唱一边翩翩起舞，东瞧瞧，西看看，自由自在极了。

远远地，蝴蝶就听见小蜜蜂亮开大嗓门唱起来："春天到，齐欢笑，小蜜蜂，采蜜喽！嗡嗡嗡……"她们两个可是老朋友了。"早上好！"蝴蝶说。

"早上好！"

"哎哟！这是什么呀？"只顾着和小蜜蜂打招呼，蝴蝶好像撞到了什么东西。她低头一看，原来是个残破的蛹壳。

"你怎么那么烦人呀！在这待着干什么？把我的头都撞疼了！"

蛹壳小心地辩解着："我一直待在这里，我老了，自己不能动了。"

蜜蜂惊讶地说："蝴蝶，你不认识她了吗？你们所有的蝴蝶都是从蛹壳中飞出来的啊！在成为美丽的蝴蝶之前，你原本就是一只很丑的蛹。这只蛹慢慢地积蓄力量，经历了巨大的苦难，终于使你破茧成蝶，绽放生命的魅力。"

蝴蝶疑惑地说："怎么可能？你骗我的吧？"

蜜蜂肯定地回答说："不信，你问问蛹壳！"

此时，蛹壳已经是泪流满面了，她声音嘶哑地说："孩子，只要你们生活得快乐、自由，我们就满足了。"

蝴蝶听了，紧紧地抱住了蛹壳。

这则故事能够让孩子明白一个人处于不同成长阶段时，会存在不一样的特点，在生、长、壮、老等阶段中蕴含着相应的特点。通过创造这类故事能让孩子理解并尊重生命现象中的各种客观规律。

骄傲的小螃蟹

　　假如孩子出现明显的骄傲情绪时，家长可以编类似故事以达到相应的治疗目的。孩子在成长过程的某一个阶段，常常会对他人所拥有而自己没有的东西表现出强烈的羡慕，而一旦拥有了就会"情有独钟"，反而变得骄傲不已，如故事中的小螃蟹一样。不过我想，这种骄傲、羡慕在家长身上何尝没有呢！

　　很久以前，一只小螃蟹在河边出生了。当时他只长有两只脚，可是后来他发现蜈蚣有那么多只脚，感到很是羡慕，于是乞求上帝能多给他几只脚。经过他的百般哀求，上帝终于答应多给了他六只脚，小螃蟹高兴极了，居然横着走起路来。

　　有一天，一群好朋友约定去公园里玩，小猫高喊一声："出发！"兔子第一个蹿了出去，小猪也急忙往前跑，乌龟铆足了劲儿在后面追。

　　"你们这是往哪儿跑呢？公园在那边！"后面传来螃蟹粗声粗气的叫喊。

　　"小螃蟹，你的方向错了，快到我们这边来！"乌龟好心好意地提醒他。

　　小螃蟹生气地瞪起了眼睛："你们的眼睛都长到哪里去了？到我这边来才对！"

　　大伙百般劝说，小螃蟹只当没听见，还是横着朝他的那个方向急急地爬去。

　　小螃蟹喷着白泡沫，独自嘟囔道："我两眼始终正面盯着公园，绝对不会错的。你们不听我的，肯定是嫉妒我比你们的脚多……"

可是，他的脚越多，跑得越起劲儿，离目的地就越远。后来，在兔子的帮助下，小螃蟹才认清了方向，克服了一些困难与障碍，最终到达了目的地，并心悦诚服地对兔子及其他小伙伴表示感谢！

> 这一点与孩子在成长中出现的规律是相似的。孩子明白的一些交往规则，如尊重他人、一个人的价值体现需要他人的帮助与陪衬、一个人没有理由看不起他人、要学会尊重他人等，通过故事让孩子在潜移默化中得到熏陶，最终内化到孩子的心里，并通过行为表现出来。

不讲卫生的小猴

> 这则治疗性故事的编创背景是孩子出现不爱洗手或洗澡等不讲卫生现象，以不爱刷牙的小猴作为隐喻对象进行编创，对不讲卫生的孩子能起到一定的治疗作用。如果孩子主要表现为不爱刷牙，从编故事的意义与价值出发，则在所编的故事里尽量不要直接针对这一点来设计情节，否则孩子一听就明白家长的目的所在，可能会产生抵触、厌烦情绪，反而弄巧成拙、事倍功半。

小猴很贪玩，整天蹦蹦跳跳的，有的时候还从一棵树跳到另一棵树上去，从来也不知道疲倦。可是他有一个很不好的习惯——那就是不爱刷牙，每天早上起来妈妈催促着，他就胡乱刷几下。最近妈妈出差了，他觉得自己总算是解放啦。

这天，小猴去找狐狸玩，刚一开口："狐狸，我们一起……"狐狸就使劲儿捂住了鼻子："好臭啊，你快离我远一点儿！"

小猴不屑地又去找小熊，远远见到小熊正在做体操呢。小猴跑过去，刚说："小熊……"小熊就打了个大喷嚏，差点儿一个趔趄倒在地上："好难闻的气味啊！"

小猴只得闷闷地走了，这时候他发现山羊在草地上吃草呢，刚要向山羊诉苦："山羊叔叔，他们……"没想到山羊居然恶心得快要把草吐出来了。

小猴沮丧地回到家里，看到妈妈回来了，他一头扑进妈妈怀里哭起来。妈妈也闻到了小猴嘴里难闻的气味，赶紧给他找来牙膏牙刷。小猴仔仔细细地把牙里里外外刷了好几遍，终于，他的嘴巴一点儿都不臭了。

妈妈听小猴讲了事情的经过，对他说："坚持早晚刷牙，嘴巴干干净净的，小朋友们才会喜欢和你玩啊！"

从那以后，小猴刷牙再也没有间断过，他的朋友也越来越多了。

在育儿方面，最让家长朋友头疼的内容之一就是——孩子的卫生意识。要养成孩子良好的卫生习惯绝非一日之功，家长如果用孩子能够理解的通俗易懂的语言与孩子一起编故事的方式来呈现，伴之以足够的耐心与热诚，再难形成的良好习惯也会最终形成。据心理学研究统计，一个行为重复21次左右就成为习惯，而建立良好习惯并内化于身则需要长达6个月之久。

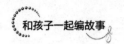

小布丁的故事

有一根小布丁被压在大冰柜的底层很长时间了，一直也没机会出来透透气，他的内心失望极了。每当冰柜的门开关一次，他的心就更加凉一次。小布丁也明白，自己的外表太普通了，既不像巧乐兹那样有巧克力做的新裙子，也不像牛奶提子雪糕有那么多的葡萄干做点缀，是很难被发现的；况且自己的个子又小，想挤到上面去是不可能的，只好在下面默默地等待机会。

冰柜的门一次又一次地打开、关上，可始终没有人关注他。小布丁好想哭，可却哭不出来。因为他的心和身体都是冷冰冰的，所以不会流泪，只能在心里难受。

不知过了多长时间，忽然，他隐隐约约听到外面有个小姑娘的声音："叔叔，我想要一个小布丁。""叔叔给你找找看，好像没有了吧。"一只大手在上面翻找着，"葫芦娃"被放到了一边，冰激凌被放到了一边……那个男人边找边和小姑娘商量："换个别的口味行吗？"小姑娘坚持着自己的选择："叔叔，你再找找，我最喜欢吃的就是小布丁了。"小布丁听了一阵感动，努力挺了挺身子。小姑娘眼睛尖："叔叔，看！那有一个！"

小布丁终于被发现了，他沐浴在阳光下，想到小姑娘对自己的喜爱，感动得流下泪来，一滴一滴融化在小姑娘的嘴里了。

家长朋友在编故事时，可以以孩子平时较为喜欢吃的或玩的东西作为素材，这样就能相对较快地让孩子进入故事的情境中。

如我的女儿豆豆在夏天时就特别爱吃小布丁，这时编有关小布丁的故事，她自己就会主动展开想象，并把冰箱里的其他东西，如巧乐兹、牛奶提子雪糕等一起编入故事中，显得自然、有趣。

莽撞的兔子

针对家中有些男孩子做事莽撞、缺乏小心等现象，这则治疗性故事可以起到一定的治疗性作用。在这类故事的编创中，加入一些困境，或曲折的情节可能会对孩子形成更大的吸引力。毕竟孩子在成长的过程中也会碰到一些困境，家长一旦把这些困境编入到故事中，孩子就可以从这些故事中找到解决困境的相应办法，或获得一些解决问题的思路。在治疗性故事的"旅途或过程"中，一般会呈现出充满困难与障碍的情节特点。

很久很久以前，兔子是很勇敢的，他敢去**斗**大象，敢去**撞**猎人，他走到哪儿都能听见别的动物的窃窃私语："看，兔子多勇敢！他敢挑战所有的动物，咱们可得避着他点儿！"兔子听了，更加得意了，整天**迈**着方步在森林里**走**着，俨然一位运筹帷幄的大将军。

一天，兔子独自待在家里，感到有些无聊，就出去散心。夏日的森林是个避暑胜地，即使还是有一丝炎热，也立即被清凉的风**吹**散了。兔子**呼吸**着新鲜的空气，身心很舒畅，他**眯**缝着眼睛，**哼**起了小曲儿。兔子前方弯

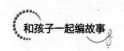

弯曲曲的小路上**铺**着一堆松软的干草，干草上还**放**着两个小小的野果。兔子也不**戒备**，连忙**跑**过去，一口**咬**住野果，空气中立刻**弥漫**出一股甜香。

> 故事的这一部分用了一系列的动词来表现情节，立刻使画面彰显出动感，小兔子活蹦乱跳的形象也呼之欲出，深得孩子的喜欢。家长朋友编故事时可以适当应用这一技巧，对比较多动的男孩尤为适用。

但是，兔子忽然感觉脚下一空，他掉进了陷阱里。他也顾不得面子了，赶紧喊："救命啊！救命——"山羊大叔正好在附近，急匆匆地跑过来，把兔子救了上来。看见兔子的狼狈相，山羊好心劝他："你还是小心点儿吧，下次说不定没这么幸运了。"兔子嘴上说好，其实心里想：真胆小，哼！

兔子又往前走了走，不一会儿就忘了陷阱的事。他看见前面有一片果林，欢呼着冲了进去。只见一棵树上有一个枯黄的东西，他想：不过是一片叶子罢了！就没去理他，开始摘果子，一不小心碰到了"叶子"，只见"叶子"动了起来，原来是一条毒蛇！兔子吓得一溜烟儿地跑回了家，一边喘息一边安抚自己那颗狂跳的心脏。

> 在编故事时，要多用一些动词，这样可以将孩子喜欢运动的特点糅进故事里，符合孩子的心理特点。

从那以后，兔子就开始变得小心谨慎了。

> 每个孩子天生都是探索家，对任何稀奇新鲜的事物与环境充满着强烈的好奇心。作为家长，要抱着一颗支持、理解的心去满足孩子从小独立探索的欲望。只是，在这个过程中，家长还要耐心地给予引导，通过和孩子一起编故事就可以起到事半功倍的效果。我相信家长朋友从这个故事里没准儿会找到自己孩子真实生活的影子，发出会心的微笑。

爱发脾气的小狗

> 孩子在成长过程的某个阶段，当自己的玩具或自己喜欢吃的东西被小朋友玩坏或吃掉时，常常出现一些过度的情绪反应，这时家长可以借用所编故事的力量来达到相应的治疗目的。

小狗欢欢暑假在外婆家认识了很多朋友，有小猫、小兔和小鸡。他们玩得可高兴了。分别的时候，小狗欢欢请朋友们明天到他家去玩。他们高兴地答应一定去。

第二天，小猫、小兔和小鸡互相约好，一起来到小狗欢欢的家。刚要敲门，忽然听到欢欢正在大吵大闹："妈妈，你赔我蛋糕！"

"好乖乖，昨天邻居小猪来做客把蛋糕吃了，明天我再给你买。"

"不行！不行！你凭什么给他吃！"

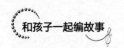

“妈妈招待客人没有错，你别闹了。”

这句话改为"妈妈没有事先跟你商量就把蛋糕招待了客人，妈妈知道你有点儿生气了。"会更好。当孩子处于情绪失控的状态时，父母要先做好共情，这是非常关键的一步。"动之以情，后晓之以理，而后导之以行"，我把它总结为教育孩子的三部曲。

"就不，就不，你不赔蛋糕，我就不干！哇——哇——"小狗欢欢大哭大闹。

笃！笃！笃！小鸡在敲门。

小狗见了朋友们，忙擦干眼泪说："你们真准时，咱们来一起玩吧。"

"阿姨，您好！"朋友们先有礼貌地向狗妈妈打过招呼，然后一齐对小狗欢欢说："不尊敬妈妈的孩子，也不会尊重朋友的。我们不想和你玩了。"说完，他们扭过头，手拉手一蹦一跳地走了。

在孩子的内心世界里，非常在意同伴们对自己的认可与接纳，有时借用孩子同伴的力量来呈现故事，会起到不错的作用。但一定要适可而止，巧妙运用，否则拿其他孩子的长处来比自己孩子的短处，会大大挫伤孩子的自尊心，导致孩子拒绝与家长进一步做沟通。

小狗欢欢看着朋友们远去的背影，低着头对妈妈说："妈妈，我错了。"

🌀 月亮和星星

> 一般来说，治疗性故事包括三个方面的内容，即"隐喻""旅途（过程）""解决方案"。这则《月亮和星星》的故事就很符合相应的要求。编治疗性故事前，家长先要对孩子的各种行为有准确的理解，这样才能在所编故事里有的放矢地呈现与治疗。有两个孩子的家庭，孩子间难免会出现分歧和矛盾，如这则故事中的两姐妹因嫉妒而生的纷争和冲突，这时家长借用编故事的方式来达到教育目的，不失为一种良策。

很久很久以前，月亮和星星是一对好姐妹。由于星星比月亮出生得早一些，星星便做了姐姐，月亮自然成了妹妹。他们都是太阳的女儿。

一天，星星和月亮在天河边玩耍。姐姐无意中发现，原来妹妹这么漂亮啊，皮肤雪白雪白的，还闪烁着皎洁的银光呢。星星的嫉妒心被点燃了，她趁月亮不注意，一把就把妹妹推进了天河里。幸好月亮学会了游泳，她费了好大的劲儿，终于爬上了岸。这时候星星心慌了，她请求妹妹原谅自己，以后绝不会再害她了。月亮答应了星星的请求。

太阳后来不知道怎么听说了这件事情，勃然大怒，觉得星星居然对妹妹这样狠心，简直是天理不容！于是他一声令下，天马把星星咬得七零八落，成了无数的小块儿。月亮见姐姐被咬碎了，伤心极了。她每天都思念着自己的姐姐，脸色也越发苍白。太阳见小女儿如此善良，又如此伤心，就给了那些碎片灵性，使她们一闪一闪地放射出光芒来。可是，月亮还是闷闷不乐，每天晚上凝视着人间，眼睛里散发着清冷的光。星星见了，感觉很惭愧，也很后悔自己的行为，便常常靠近月亮劝说妹妹不要难过。

从此以后，每天晚上月亮和星星姐妹都出来见面，有时只是远远地打声招呼，有时还会玩一会儿捉迷藏的游戏呢。

> 这则故事中既有动作的描述，也有情感的铺陈，故事情节丰富，充满了的张力，孩子会对这类故事特别喜欢。从心理学角度来看，孩子会对自己进行一番投射，尤其是针对恶作剧的行为。由于孩子在现实中会受到限制，通过编故事可以让孩子的情绪得以释放与宣泄，有利于孩子的身心健康。

只爱听夸奖的小猪

> 这则治疗性故事中，"爱听别人夸奖的朵朵，而且谁要是说了冒犯她的话，朵朵就会立刻翻脸。"这种描述，跟家中孩子有时的表现是何等的贴切。小猪朵朵就是孩子的隐喻对象，在"旅途"中面对极大的危险后，方能明白爱听好话给自己带来的不利且深远的影响。

有一只小猪名字叫朵朵，她生活在一片茂密的森林里。朵朵最大的特点就是爱听别人夸奖她，谁要是说了冒犯她的话，她就会立刻翻脸。

一天，朵朵正在森林里散步，一只狐狸看见她，馋得口水都快流下来了。狐狸假心假意地说："朵朵小姐，你的身材真是越来越好了啊！"朵朵美滋滋地说："我最近正在减肥呢。"狐狸刚要趁机扑向朵朵，没想到朵朵并没有停住脚步，大摇大摆地走过去了。狐狸没提防，一下扑了个空，摔得鼻青脸肿。

朵朵走着走着，一只黑乌鸦见了，想和朵朵开个玩笑，就扯着他那破嗓子说："朵朵，你的声音真甜美呀！"朵朵信以为真，甭提有多高兴了。

朵朵继续往前走，碰到了山羊大叔，就问："山羊大叔，我的新发型酷吗？"山羊大叔只好低声说："酷，真酷！"朵朵听了笑开了花。

忽然，一只大灰狼跳了出来，朵朵正想问她刚买的香水是不是味道很好的时候，大灰狼却猛地扑过来，把朵朵紧紧压在了身下，准备美餐一顿。正在这千钧一发的时刻，幸好一头大象路过此处，听到朵朵的惨叫声，立即伸出长长的鼻子击打大灰狼，并顺利救出了朵朵。

经历这件事后，爱听好话的朵朵就彻底地转变了，不再爱听别人虚假的夸奖了。

后记

　　每个孩子都是父母的好宝贝，是天生的诗人、哲学家，是快乐的小天使。上天赋予孩子们无穷无尽的潜能，但他们仍是一块需要父母精心雕琢的玉。

　　作为孩子的第一任也是终生老师的父母，想要走进孩子的内心世界，了解孩子的真正需求、各种困惑不已的问题及殷切的盼望，就需要抽出更多的时间，通过讲故事和编故事来陪伴孩子。父母在和孩子一起编故事的过程中去感受孩子、关爱孩子、理解孩子。让孩子在故事的陪伴下快快乐乐、健健康康地成长。我想这也是天下所有父母的共同心愿。

　　在与孩子一起编故事的过程中，我和女儿充分体验着创造的快乐，享受着当下浓浓的亲子情；同时，编故事也提高了女儿的想象力，还大大促进了女儿的言语表达与沟通能力。在关键的时候或在某个特殊的情境下，与孩子共同编一个让孩子感兴趣的故事，可以有效地将孩子的负面情绪转化为正面情绪。读者将在本书中阅读到我和孩子一起编的诸多故事例子，深切期望对读者有所启迪与帮助。

　　感谢我的宝贝女儿，是你成全了我做幸福爸爸的全部经验及创作此书的源泉与动力。书中的许多故事是女儿智慧的结晶，是女儿奇思妙想过程中的奇葩。感谢我深爱的妻子、女儿的好妈妈，十几年来若是没有你对我事业上的强烈支持与对女儿的无私奉献，就没有今天快乐幸福的好日子，也就无法给孩子提供一个让她德、智、体、美、劳全面发展的温馨港湾。感谢所有对我与女儿付出关爱及支持的亲朋好友。

感谢磨铁图书的陈杨编缉，感谢张冰烨编辑及吴庆编缉的选题与策划，感谢提供部分故事素材的合作者，因为有了你们的专业投入与辛苦付出，才使这本书得以正式出版，从而能让更多的家长朋友看到。若这本书能对家长朋友就如何和孩子一起编故事提供一些借鉴，那将是我深感幸福、自豪之事。

如果读者朋友们对本书观点有一些疑问或存在不同意见，或者有什么建议反馈及咨询的，请通过我的新浪实名微博（http://weibo.com/wuchangpin）或个人邮箱（wuchangpin@sina.cn）来沟通，欢迎批评指正。同时，我也将尽自己所能与朋友们相互切磋，共同探讨学习。

祝愿全天下的孩子都能快乐、健康地成长！愿全天下的父母都能在和孩子一起编故事的方式中体会到幸福与自豪！

2013年2月

吴昌品于北京